SE 07

Curso

*La diferencia entre aprobar
y sacar plaza*

Celador/a

AF212309

SERVICIO MADRILEÑO DE SALUD

Si aún no dispones de tu **Curso MAD360**, te ofrecemos un acceso GRATIS de 30 días para que disfrutes de los siguientes recursos:

- Técnicas de Memoria 360.
- MADTEST: Test *online* Nivel PRO.
- Temario en formato digital.
- Vídeos.
- Esquemas.
- Planificación de estudio.
- Foro entre opositores hasta la fecha del examen.*
- Recursos y novedades exclusivas.
- Consúltanos sobre tu oposición y proceso selectivo.
- Actualizaciones legislativas (Boletines Oficiales) hasta 60 días antes de la fecha del examen.*

Para acceder a esta prueba del Curso MAD360** será necesaria la compra de todos los libros para esta especialidad de la edición 2025.

Regístrate en **mad.es/iniciar-sesion** y en la pestaña MIS CURSOS valida los códigos que encuentras en la última página de tus libros.

NOTA IMPORTANTE:

* Examen de esta categoría profesional correspondiente a la convocatoria publicada en el BOCM n.º 158, de 4 de julio de 2025, o hasta el 31 de agosto de 2026, lo que se cumpla antes, y previa renovación del servicio.

** El acceso al CURSO MAD360 estará disponible desde agosto de 2025 (algunos recursos podrían estar disponibles en fecha posterior). Tendrá una duración de 30 días RENOVABLES mediante pago, desde la validación de códigos, o hasta el 28 de febrero de 2027, lo que se cumpla antes.

MAD se reserva el derecho a ampliar dichas fechas.

Celador/a del Servicio Madrileño de Salud

Agosto 2025

Celador/a del Servicio Madrileño de Salud

Test del temario

Autores

FRANCISCO JESÚS TORRES FONSECA
Licenciado en Derecho

DOMINGO GÓMEZ MARTÍNEZ
Licenciado en Derecho
Técnico de Función Administrativa

ELENA GARCÍA FERNÁNDEZ
Licenciada en Derecho

MIGUEL ÁNGEL ESTÉVEZ FERNÁNDEZ
Jefe de Personal Subalterno del Hospital do Meixoeiro, de Vigo

ÁLVARO GARDÓN FERNÁNDEZ
Técnico Especialista. Celador

LUIS SILVA GARCÍA
Diplomado Universitario en Enfermería
Recuperación de Urgencias

JOSÉ MANUEL PÉREZ SANTANA
Diplomado Universitario en Enfermería

JUAN MANUEL GIL RAMOS
Licenciado en Medicina. Master en Salud Ambiental.

HERMINIA ANDRADES ROMERO
Diplomada en Fisioterapia.
Técnico Superior en Imagen para el Diagnóstico.
Técnico Superior en Laboratorio de Análisis Clínico.

Índice

PARTE ESPECÍFICA

PARTE COMÚN

TEST N.º 1

El derecho a la protección de la salud en la Constitución Española de 1978. El Estatuto de Autonomía de la Comunidad de Madrid. La Asamblea, el Presidente y el Gobierno. La Administración autonómica: organización y estructura básica de las Consejerías

1. ¿En qué Título y Capítulo de la Constitución Española se regula el derecho a la protección de la salud?

a) Capítulo II Título I.
b) Capítulo V Título II.
c) Capítulo I Título I.
d) Capítulo III Título I.

2. El Presidente de la Comunidad de Madrid es elegido de entre sus miembros por la Asamblea y nombrado por el Rey, mediante:

a) Ley.
b) Orden Ministerial.
c) Real Decreto.
d) Decreto Ley.

3. El Presidente, por razón de su cargo, tiene derecho a recibir el tratamiento de:

a) Señoría.
b) Excelencia.
c) Ilustrísimo.
d) Señor.

4. El Presidente de la Comunidad de Madrid tiene derecho a percibir, con cargo a los Presupuestos Generales de la Comunidad Autónoma, los sueldos y retribuciones que en los mismos se determinen y cuya cuantía no podrá ser superior a la asignada:

a) Al cargo de Secretario de Estado del Gobierno de la Nación en los Presupuestos General del Estado.
b) Al cargo de Consejero en los Presupuestos General del Estado.

c) Al cargo de Diputado en los Presupuestos General del Estado.

d) Al cargo de Ministro en los Presupuestos General del Estado.

5. ¿El cargo de Presidente de la Comunidad de Madrid es compatible con el ejercicio de cualquier otra función o actividad pública que no derive de aquel?

a) Sí.

b) No.

c) Solo con el de Diputado de la Asamblea.

d) Solo con el de Consejero.

6. El cargo de Presidente de la Comunidad de Madrid, ¿es compatible con el ejercicio de toda actividad laboral, profesional o empresarial?

a) Sí puesto que no se contempla ninguna compatibilidad.

b) No, en ningún caso.

c) Solo con algunas actividades laborales.

d) Solo con algunas actividades profesionales.

7. Como supremo representante de la Comunidad Autónoma, corresponde al Presidente de la Comunidad:

a) Ostentar la alta representación de dicha Comunidad en las relaciones con las demás Instituciones del Estado y sus Administraciones.

b) Firmar los convenios y acuerdos de cooperación que en virtud del artículo 32 del Estatuto de Autonomía se celebren o establezcan con otras Comunidades Autónomas.

c) Convocar elecciones a la Asamblea de Madrid en los términos señalados en el artículo 11 del Estatuto de Autonomía.

d) Todas son correctas.

8. ¿A quién corresponde aprobar el Proyecto del Presupuesto anual de la Comunidad y presentarlo a la aprobación de la Asamblea, de acuerdo con lo establecido en el artículo 61 del Estatuto de Autonomía?

a) Al Presidente.

b) Al Consejo de Gobierno.

c) Al Vicepresidente.

d) A la Asamblea.

9. No corresponde al Presidente de la Comunidad de Madrid:

a) Acordar la petición de sesión extraordinaria de la Asamblea.

b) Nombrar y separar de su cargo a los Consejeros.

c) Asegurar la coordinación entre las distintas Consejerías y resolver los conflictos de competencias entre las mismas.

d) Velar por el cumplimiento de los Acuerdos del Consejo de Gobierno y de las Comisiones Delegadas.

10. Señala la respuesta incorrecta:

a) El Presidente, por razón de su cargo, tiene derecho a recibir el tratamiento de excelencia.

b) Corresponde al Presidente ordenar la publicación en el «Boletín Oficial de la Comunidad de Madrid» del nombramiento de Presidente del Tribunal Superior de Justicia de Madrid.

c) El Presidente podrá delegar funciones ejecutivas y de representación propias, en los Vicepresidentes.

d) Los miembros del Gabinete del Presidente no cesan al cesar este.

11. En su condición de representante ordinario del Estado en la Comunidad Autónoma, corresponde al Presidente promulgar, en nombre del Rey, las Leyes de la Asamblea y los Decretos legislativos, y ordenar su publicación en el «Boletín Oficial de la Comunidad de Madrid», en el plazo máximo de:

a) Siete días desde su aprobación.

b) Quince días desde su aprobación.

c) Veinte días desde su aprobación.

d) Un mes desde su aprobación.

12. Establecer las directrices generales de la acción del gobierno y asegurar su continuidad corresponde:

a) Al Presidente.

b) Al Consejo de Gobierno.

c) Al Vicepresidente.

d) A la Asamblea.

13. Aprobar los Reglamentos Generales de los tributos propios de la Comunidad de Madrid y elaborar las normas reglamentarias precisas para gestionar los impuestos estatales cedidos de acuerdo con los términos de dicha cesión, corresponde:

a) Al Presidente.

b) Al Consejo de Gobierno.

c) Al Vicepresidente.

d) A la Asamblea.

14. El Presidente podrá delegar funciones ejecutivas y de representación propias, en:

a) Los Vicepresidentes.
b) Los Vicepresidentes y demás miembros del Consejo de Gobierno.
c) Los Consejeros.
d) No puede delegar ese tipo de funciones.

15. En el Gabinete del Presidente se integran los asesores del Presidente, en número determinado por este, y no superior a:

a) Tres.
b) Cinco.
c) Seis.
d) Siete.

16. El Presidente no podrá delegar la siguiente atribución:

a) Nombrar y separar de su cargo a los Consejeros y, en su caso, al Vicepresidente o Vicepresidentes.
b) Establecer las directrices generales de la acción del gobierno y asegurar su continuidad.
c) Asegurar la coordinación entre las distintas Consejerías y resolver los conflictos de competencias entre las mismas.
d) No puede delegar ninguna de las anteriores atribuciones.

17. Señala la respuesta incorrecta:

a) El Jefe del Gabinete del Presidente tiene nivel orgánico de Director General.
b) Los miembros del Gabinete del Presidente podrán ocupar puestos de trabajo reservados a funcionarios.
c) El Jefe del Gabinete del Presidente será nombrado por Decreto del Consejo de Gobierno, a propuesta de su Presidente.
d) El Jefe del Gabinete del Presidente será cesado, en su caso, por Decreto del Consejo de Gobierno, a propuesta de su Presidente.

18. Precisarán de la previa autorización de la Asamblea las ausencias temporales del Presidente, superiores a:

a) Siete días.
b) Quince días.
c) Un mes.
d) Dos meses.

19. Señala la respuesta incorrecta:

a) El Presidente en funciones podrá ser sometido a moción de censura.
b) El Presidente en funciones no podrá plantear la cuestión de confianza.

c) El Presidente podrá cesar por aprobación de una moción de censura.
d) Todas son correctas.

20. En los casos en los que el Presidente haya de ser sustituido, se seguirá el siguiente orden de prelación:

a) Los Consejeros, según su orden. Los Vicepresidentes, según el orden establecido en el artículo 19.2 de la Ley del Gobierno de la Comunidad de Madrid.
b) Los Vicepresidentes, según su orden. Los diferentes Consejeros, según el orden establecido en el artículo 19.2 de la Ley del Gobierno de la Comunidad de Madrid.
c) Los Vicepresidentes, según su orden. Los diferentes Ministros, según el orden establecido en el artículo 19.2 de la Ley del Gobierno de la Comunidad de Madrid.
d) El Presidente no puede ser sustituido.

En MADTEST tienes **más preguntas de este tema**, y todos tus avances quedan registrados y se reflejan en el ranking.

¡Supera tus límites con MADTEST!

Solución al test n.º 1

1. d) Capítulo III Título I.

2. c) Real Decreto.

3. b) Excelencia.

4. a) Al cargo de Secretario de Estado del Gobierno de la Nación en los Presupuestos General del Estado.

5. c) Solo con el de Diputado de la Asamblea.

6. b) No, en ningún caso.

7. d) Todas son correctas.

8. b) Al Consejo de Gobierno.

9. a) Acordar la petición de sesión extraordinaria de la Asamblea.

10. d) Los miembros del Gabinete del Presidente no cesan al cesar este.

11. b) Quince días desde su aprobación.

12. a) Al Presidente.

13. b) Al Consejo de Gobierno.

14. b) Los Vicepresidentes y demás miembros del Consejo de Gobierno.

15. c) Seis.

16. d) No puede delegar ninguna de las anteriores atribuciones.

17. b) Los miembros del Gabinete del Presidente podrán ocupar puestos de trabajo reservados a funcionarios.

18. c) Un mes.

19. a) El Presidente en funciones podrá ser sometido a moción de censura.

20. b) Los Vicepresidentes, según su orden. Los diferentes Consejeros, según el orden establecido en el artículo 19.2 de la Ley del Gobierno de la Comunidad de Madrid.

La Ley 14/1986, de 25 de abril, General de Sanidad. El Sistema Nacional de Salud y los Servicios de Salud de las Comunidades Autónomas. El Área de Salud

1. La Ley General de Sanidad concibe los Planes de Salud como un instrumento de:

a) La Alta Inspección.
b) La docencia y la investigación.
c) La Coordinación general sanitaria.
d) La Sanidad exterior.

2. Las Áreas de Salud serán dirigidas por un órgano propio, donde deberán participar las Corporaciones Locales en ellas situadas, con una representación no inferior al:

a) 20 %.
b) 30 %.
c) 40 %.
d) 50 %.

3. Los Consejos de Salud de Área estarán constituidos por organizaciones sindicales más representativas, en una proporción no inferior al:

a) 25 %.
b) 30 %.
c) 40 %.
d) 50 %.

4. Entre las características fundamentales del Sistema Nacional de Salud, no se encuentra:

a) La extensión de sus servicios a toda la población.
b) La coordinación y, en su caso, la integración de todos los recursos sanitarios públicos en tres dispositivos únicos (estatal, autonómico y local).

c) La prestación de una atención integral de la salud procurando altos niveles de calidad debidamente evaluados y controlados.

d) Todas son correctas.

5. ¿En cuántos niveles organizativos se divide el sistema sanitario español?

a) Tres: central, autonómico y áreas de salud.

b) Dos: central y autonómico.

c) Central, del que derivan el autonómico y local.

d) Únicamente el central.

6. Para la delimitación de las zonas básicas no deberá tenerse en cuenta:

a) El grado de concentración o dispersión de la población.

b) Las características epidemiológicas de la zona.

c) Las instalaciones y recursos sanitarios de la zona.

d) Las distancias mínimas de las agrupaciones de población más cercanas de los servicios y el tiempo normal a invertir en su recorrido usando los medios ordinarios.

7. Las Comunidades Autónomas ejercerán, en materia de sanidad, las competencias:

a) Asumidas en sus Estatutos, exclusivamente.

b) Asumidas en sus Estatutos y las decisiones y actuaciones públicas previstas en la LGS que se hayan reservado expresamente al Estado.

c) Asumidas en sus Estatutos.

d) Las mencionadas en c) y las transferidas, o en su caso, delegadas, por el Estado, así como las decisiones y actuaciones públicas previstas en la LGS que no se hayan reservado expresamente al Estado.

8. Según la Ley General de Sanidad, las actividades que se realicen en materia de control de posibles riesgos para la salud derivados del tráfico internacional de viajeros son:

a) Competencia exclusiva del Ministerio de Asuntos Exteriores.

b) Actividades de sanidad exterior.

c) Competencia exclusiva del Ministerio de Sanidad.

d) Excluidas de la Ley General de Sanidad.

9. Entre las actuaciones en materia de Sanidad interior que contempla la Ley General de Sanidad, no se encuentra:

a) El catálogo y registro general de centros, servicios y establecimientos sanitarios.

b) La homologación de programas de formación postgraduada del personal sanitario.

c) La realización de estadísticas de interés comunitario.

d) La elaboración de informes generales sobre la salud pública y la asistencia sanitaria.

10. Según la Ley General de Sanidad, las Comunidades Autónomas ejercerán las competencias:

a) Asumidas en la Constitución.
b) Que sus Estatutos les transfieran.
c) Asumidas en sus Estatutos.
d) Que les delegue la Constitución.

11. Respecto de las Corporaciones Locales, la Ley General de Sanidad determina unas competencias:

a) Exclusivas.
b) De actuación.
c) Mínimas de los Ayuntamientos.
d) Exclusivas de los Ayuntamientos.

12. La Ley General de Sanidad fija para los Ayuntamientos, en relación al obligado cumplimiento de las normas y planes sanitarios, determinadas competencias mínimas en materia de:

a) La policía municipal.
b) La policía sanitaria mortuoria.
c) La policía local.
d) La sanidad de los cementerios.

13. Entre las competencias mínimas de los Ayuntamientos que establece la Ley General de Sanidad, en relación con el obligado cumplimiento de las normas y planes sanitarios, no se incluye:

a) Control sanitario de industrias.
b) Control sanitario de transportes.
c) Control sanitario de ruidos.
d) Control sanitario de puertos.

14. La Ley General de Sanidad determina que es competencia exclusiva del Estado:

a) Los acuerdos sanitarios internacionales.
b) Las relaciones interterritoriales.
c) La Sanidad interior.
d) La Inspección general.

15. La Ley General Sanidad determina que el Estado debe desarrollar en materia de Sanidad interior una serie de:

a) Competencias.
b) Competencias exclusivas.

c) Actuaciones.
d) Principios.

16. ¿Cuál de los siguientes términos no se corresponde con ninguno de los principios, que enumera la Ley General de Sanidad, a los que adecuarán su organización y funcionamiento los servicios sanitarios?

a) Economía.
b) Flexibilidad.
c) Celeridad.
d) Coordinación.

17. ¿Cuál es el objeto de la Ley 14/1986, de 25 de abril, General de Sanidad?

a) La regulación general de todas las acciones que permitan hacer efectivo el derecho a la protección de la salud.
b) El desarrollo de una acción global de prevención que implique a la colectividad, considerada como conjunto.
c) La puesta al día de las técnicas de intervención pública en los problemas de salud de la colectividad.
d) La cobertura de los riesgos sanitarios a través de una cuota vinculada al trabajo.

18. La competencia en la autorización de los medicamentos y de los productos sanitarios corresponde:

a) Al Ministerio de Sanidad.
b) A la Agencia Española de Medicamentos y Productos Sanitarios.
c) A la Dirección General de Medicamentos y Productos Sanitarios.
d) Al Gobierno, mediante Real Decreto.

19. Con relación con los Consejos de Salud de Área no es cierto que:

a) Están constituidos por la representación de los ciudadanos a través de las Corporaciones Locales comprendidas en su demarcación, que supondrá el 50% de sus miembros y las organizaciones sindicales más representativas, en una proporción no inferior al 25%, a través de los profesionales sanitarios titulados.
b) Los Consejos de salud del área podrán crear órganos de participación de carácter general.
c) Entre sus competencias están las de verificar la adecuación de las actuaciones en el área de salud a las normas y directrices de la política sanitaria y económica.
d) Conocer e informar el anteproyecto del Plan de Salud del área y de sus adaptaciones anuales, forma parte de sus competencias.

20. Los órganos colegiados de participación comunitaria para la consulta y el seguimiento de la gestión, en los que participaran las organizaciones empresariales y sindicales, se denominan:

a) Consejos de Salud de Área.
b) Consejos de Dirección de Área.
c) Gerencia de Área.
d) Consejo de Participación del Área.

Solución al test n.º 2

1. c) La Coordinación general sanitaria.

2. c) 40 %.

3. a) 25 %.

4. b) La coordinación y, en su caso, la integración de todos los recursos sanitarios públicos en tres dispositivos únicos (estatal, autonómico y local).

5. a) Tres: central, autonómico y áreas de salud.

6. d) Las distancias mínimas de las agrupaciones de población más cercanas de los servicios y el tiempo normal a invertir en su recorrido usando los medios ordinarios.

7. d) Las mencionadas en c) y las transferidas, o en su caso, delegadas, por el Estado, así como las decisiones y actuaciones públicas previstas en la LGS que no se hayan reservado expresamente al Estado.

8. b) Actividades de sanidad exterior.

9. c) La realización de estadísticas de interés comunitario.

10. c) Asumidas en sus Estatutos.

11. c) Mínimas de los Ayuntamientos.

12. b) La policía sanitaria mortuoria.

13. d) Control sanitario de puertos.

14. a) Los acuerdos sanitarios internacionales.

15. c) Actuaciones.

16. d) Coordinación.

17. a) La regulación general de todas las acciones que permitan hacer efectivo el derecho a la protección de la salud.

18. b) A la Agencia Española de Medicamentos y Productos Sanitarios.

19. b) Los Consejos de salud del área podrán crear órganos de participación de carácter general.

20. a) Consejos de Salud de Área.

TEST N.º 3

La Ley 14/1986, de 25 de abril, General de Sanidad. Las modalidades de la asistencia sanitaria. La Atención Primaria de la Salud, Equipos de Atención Primaria, el centro de salud. La asistencia hospitalaria. El área sanitaria. Los hospitales y los centros de especialidades

1. ¿Qué artículo de Ley General de Sanidad determina que serán las Comunidades Autónomas las que delimiten y constituyan en su territorio demarcaciones territoriales denominadas Áreas de Salud, en las que se organice un sistema sanitario coordinado e integral?

a) El art. 46.
b) El art. 49.
c) El art. 54.
d) El art. 56.

2. Con la finalidad de alcanzar la máxima operatividad y eficacia en la organización y funcionamiento del Sistema Sanitario Público a nivel primario, cada Área de Salud se divide territorialmente en:

a) Zonas Básicas de Salud.
b) Áreas de Salud.
c) Distritos Sanitarios Básicos.
d) Departamentos Sanitarios Elementales.

3. La delimitación del marco territorial que abarcará cada Zona de Salud se hará teniendo en cuenta criterios demográficos, geográficos y sociales, y será llevada a cabo por:

a) El Ministerio de Sanidad.
b) Las Comunidades Autónomas.
c) Las Corporaciones Locales.
d) El Estado por medio de la Secretaría General de Salud.

4. Como norma general, la Zona Básica de Salud abarcará a una población comprendida entre:

a) Los dos mil y los quince mil habitantes.
b) Los tres mil y los veinte mil habitantes.
c) Los cinco mil y los veinticinco mil habitantes.
d) Los diez mil y los treinta mil habitantes.

5. ¿Cuál de los siguientes factores no habrá de tenerse en cuenta en la delimitación de las zonas básicas, según dispone el art. 62 LGS?

a) El grado de concentración o dispersión de la población.
b) Las instalaciones y recursos sanitarios de la Zona.
c) La edad media de la población de la Zona.
d) Las isocronas o las distancias máximas de las agrupaciones de población más alejadas de los servicios y el tiempo normal a invertir en su recorrido usando los medios ordinarios.

6. ¿Cómo se denomina al conjunto de profesionales sanitarios y no sanitarios cuyo ámbito territorial principal de actuación es la Zona Básica de Salud y con localización física principal en el Centro de Salud?

a) Equipo de Atención Primaria.
b) Personal Básico Sanitario.
c) Equipo Básico de Salud.
d) Grupo de Atención Primaria.

7. Según el artículo 51.2 de la Ley 14/1986, de 25 de abril, General de Sanidad, la competencia de ordenación territorial de los servicios sanitarios la ostenta/n:

a) El Estado.
b) Las Comunidades Autónomas.
c) Las Corporaciones Locales.
d) La Unión Europea.

8. El Decreto 52/2010 configura como estructura clave de la Atención Primaria:

a) A los centros de salud.
b) A la zona básica de salud.
c) Al área de salud.
d) A los hospitales.

9. Las estructuras básicas sanitarias y directivas de Atención Primaria en la Comunidad de Madrid se enmarcan:

a) En varias zonas de salud por razón del territorio.
b) En diversas áreas de salud repartidas por población.

c) En el área única de salud.
d) En tres áreas adjuntas de salud.

10. Las estructuras básicas sanitarias de Atención Primaria de la Comunidad de Madrid son:

a) El Área de salud y la zona básica de salud.
b) El Área de Salud, la zona básica de salud y el centro de salud.
c) El Área de salud y el centro de salud.
d) La zona básica de salud y el centro de salud.

11. La zona básica de salud de la Comunidad de Madrid es:

a) El órgano de dirección de la estructura organizativa de los servicios sanitarios.
b) La estructura fundamental del sistema sanitario, responsabilizada de la gestión unitaria de los centros y establecimientos en su demarcación territorial y de las prestaciones sanitarias y programas sanitarios a desarrollar por ellos.
c) El marco territorial de la Atención Primaria donde desarrolla su actividad sanitaria el centro de salud.
d) La estructura física de consultas y servicios asistenciales personales correspondientes a la población en que se ubica.

12. Conforme al Decreto 52/2010, la estructura física y funcional donde los profesionales desarrollan de forma integrada todas las actividades encaminadas a la promoción, prevención, asistencia y rehabilitación de la salud, se denomina:

a) Área de salud.
b) Centro de salud.
c) Zona básica de salud.
d) Hospital.

13. El órgano de dirección de Atención Primaria dentro del área única de salud de la Comunidad de Madrid es:

a) El Consejo de Dirección.
b) La Gerencia.
c) El Consejo de Salud.
d) El Comité de Salud.

14. El Director General de Atención Primaria de la Comunidad de Madrid:

a) Ostenta el cargo de Gerente de Atención Primaria.
b) Se corresponde con el Director del centro de salud de mayor población.
c) Se trata de un titular de una de las Gerencias Adjuntas de Atención Primaria.
d) Ninguna de las anteriores respuestas es cierta.

15. ¿Cuál de las siguientes Gerencias Adjuntas de Atención Primaria de la Comunidad de Madrid no existe?

a) Gerencia Adjunta de Asistencia Sanitaria.
b) Gerencia Adjunta de Planificación y Calidad.
c) Gerencia Adjunta de Gestión y Servicios Generales.
d) Gerencia Adjunta de Servicios Públicos Sanitarios.

16. Según el Decreto 52/2010, la organización, coordinación y supervisión de la actividad asistencial de los centros de salud, de acuerdo con las directrices establecidas por el Servicio Madrileño de Salud, corresponde a la:

a) Gerencia Adjunta de Servicios Públicos Sanitarios.
b) Gerencia Adjunta de Gestión y Servicios Generales.
c) Gerencia Adjunta de Planificación y Calidad.
d) Gerencia Adjunta de Asistencia Sanitaria.

17. La gestión de los recursos humanos y económicos de los centros de salud, de conformidad con las directrices establecidas por el Servicio Madrileño de Salud, se atribuye a:

a) Gerencia Adjunta de Gestión y Servicios Generales.
b) Gerencia Adjunta de Asistencia Sanitaria.
c) Gerencia Adjunta de Planificación y Calidad.
d) Gerencia Adjunta de Servicios Públicos Sanitarios.

18. La dirección de cada centro de salud del Servicio Madrileño de Salud la ostentará:

a) Un profesional sanitario.
b) Un funcionario de la Administración sanitaria.
c) Un licenciado en Medicina y Cirugía.
d) Un profesional con título de licenciado.

19. La competencia para el diseño y desarrollo de los procesos asistenciales, así como el despliegue de la estrategia de calidad y seguridad del paciente, de acuerdo con las directrices del Servicio Madrileño de Salud, se otorga a:

a) Gerencia Adjunta de Asistencia Sanitaria.
b) Gerencia Adjunta de Planificación y Calidad.
c) Gerencia Adjunta de Gestión y Servicios Generales.
d) Gerencia Adjunta de Servicios Públicos Sanitarios.

20. La organización de los profesionales y de la actividad de un centro de salud del Servicio Madrileño de Salud corresponde:

a) Al Director del centro.
b) Al Director General de Atención Primaria.
c) Al Gerente de Atención Primaria.
d) Al titular de la Gerencia Adjunta de Asistencia Sanitaria.

En MADTEST tienes **más preguntas de este tema**, y todos tus avances quedan registrados y se reflejan en el ranking.

¡Supera tus límites con MADTEST!

Solución al test n.º 3

1. d) El art. 56.

2. a) Zonas Básicas de Salud.

3. b) Las Comunidades Autónomas.

4. c) Los cinco mil y los veinticinco mil habitantes.

5. c) La edad media de la población de la Zona.

6. a) Equipo de Atención Primaria.

7. b) Las Comunidades Autónomas.

8. a) A los centros de salud.

9. c) En el área única de salud.

10. d) La zona básica de salud y el centro de salud.

11. c) El marco territorial de la Atención Primaria donde desarrolla su actividad sanitaria el centro de salud.

12. b) Centro de salud.

13. b) La Gerencia.

14. a) Ostenta el cargo de Gerente de Atención Primaria.

15. d) Gerencia Adjunta de Servicios Públicos Sanitarios.

16. d) Gerencia Adjunta de Asistencia Sanitaria.

17. a) Gerencia Adjunta de Gestión y Servicios Generales.

18. c) Un licenciado en Medicina y Cirugía.

19. b) Gerencia Adjunta de Planificación y Calidad.

20. a) Al Director del centro.

TEST N.º 4

Ley 12/2001, de 21 de diciembre de Ordenación Sanitaria de la Comunidad de Madrid. Derechos y deberes de los ciudadanos

1. Indique la opción correcta sobre la Ley de Ordenación Sanitaria de la Comunidad de Madrid:

a) No contiene preámbulo.
b) Ningún Título se divide en Capítulos.
c) Se publicó en el BOCM el 26 de diciembre de 2001.
d) Todas son correctas.

2. ¿A qué órgano le corresponde la aprobación de la estructura orgánica de la Consejería de Sanidad?

a) A la Asamblea de la Comunidad de Madrid.
b) Al Consejo de Gobierno de la Comunidad de Madrid.
c) A la propia Consejería de Sanidad.
d) Ninguna es correcta.

3. La aprobación del Plan de Salud es competencia de:

a) La Consejería de Sanidad.
b) El Consejo de Gobierno.
c) La Asamblea.
d) Ninguna es correcta.

4. La protección de la salud, la ordenación y la organización del Sistema Sanitario de la Comunidad de Madrid, se ajustarán a los siguientes principios. Indique la opción incorrecta:

a) Orientación del Sistema a los ciudadanos, estableciendo los instrumentos necesarios para el ejercicio de sus derechos, reconocidos en esta Ley, especialmente, la equidad en el acceso y la libre elección.
b) Concepción integral de nuestro Sistema Sanitario, incluyendo la promoción de la salud, la educación sanitaria, la prevención, la asistencia en caso de enfermedad, la rehabilitación, la investigación y la formación sanitaria.

c) Concepción integrada del Sistema Sanitario de la Comunidad de Madrid, incluyendo todos los dispositivos sanitarios con independencia de su titularidad.

d) Universalización de los servicios sanitarios de carácter individual exclusivamente para las personas residentes en la Comunidad de Madrid, en todo caso, en la forma y condiciones previstas en la legislación general que resulte de aplicación, atendiendo a los principios de igualdad y solidaridad y equidad en el acceso.

5. La Red Sanitaria Única de Utilización Pública integrada por todos los proveedores sanitarios públicos dependientes de la Comunidad de Madrid y por aquellos privados o públicos que, previa acreditación y concertación, puedan prestar servicios al Sistema Público, según se establezca reglamentariamente, tiene carácter:

a) Orgánico.
b) Funcional.
c) Territorial.
d) Ninguna es correcta.

6. ¿Qué órgano es competente para nombrar y cesar al Director General del Servicio Madrileño de Salud?

a) El Consejero de Sanidad.
b) El Gobierno de la Comunidad de Madrid.
c) La Asamblea Legislativa.
d) El Presidente del Gobierno de la Comunidad de Madrid.

7. Una de las siguientes competencias no corresponde al Gobierno de la Comunidad de Madrid:

a) La aprobación de la estructura orgánica del Servicio Madrileño de la Salud, el acuerdo de constitución de organismos dependientes del mismo y de su proyecto de presupuesto.

b) La aprobación de la estructura orgánica del Instituto de Salud Pública de la Comunidad de Madrid, el acuerdo de constitución de organismos dependientes del mismo y de su proyecto de presupuesto.

c) La aprobación de la estructura orgánica de la Agencia de Formación, Investigación y Estudios Sanitarios de la Comunidad de Madrid, el acuerdo de constitución de organismos dependientes de la misma y su proyecto de presupuesto.

d) La aprobación del Plan de Salud.

8. Indique cuál de las siguientes competencias, corresponde a la Consejería de Sanidad:

a) El establecimiento de normas y criterios de actuación en cuanto a la acreditación de centros y servicios.

b) El nombramiento y cese del Director General de la Agencia de Formación, Investigación y Estudios Sanitarios de la Comunidad de Madrid.

c) La aprobación de la estructura orgánica del Servicio Madrileño de la Salud, el acuerdo de constitución de organismos dependientes del mismo y de su proyecto de presupuesto.

d) Ninguna es correcta.

9. La dirección, planificación y programación del Sistema Sanitario es competencia de:

a) La Consejería de Sanidad.
b) El Gobierno de la Comunidad de Madrid.
c) El órgano competente de la Consejería de Sanidad.
d) Ninguna es correcta.

10. El dispositivo sanitario público y las prestaciones sanitarias derivadas del Sistema Nacional de Salud se financiarán con cargo a:

a) Los recursos que le puedan corresponder por la participación de la Comunidad de Madrid en los Presupuestos Generales del Estado.
b) Los rendimientos obtenidos de los fondos y tributos cedidos total o parcialmente por el Estado a la Comunidad de Madrid para fines sanitarios.
c) Los recursos no contemplados en el apartado b) anterior que le puedan ser asignados con cargo a los Presupuestos Generales de la Comunidad de Madrid.
d) Todas son correctas.

11. La aprobación del informe del Estado de Salud de la Comunidad de Madrid, es una competencia de:

a) El Gobierno.
b) La Consejería de Sanidad.
c) El Servicio Madrileño de Salud.
d) El Ministerio competente en Sanidad.

12. En lo que respecta a la Salud Laboral, la Administración de la Comunidad de Madrid:

a) Desarrollará la prevención, protección, promoción y mejora de la salud integral del trabajador.
b) Prestará la asistencia farmacéutica promoviendo su correcta y adecuada utilización.
c) Controlará y mejorará la calidad de la asistencia sanitaria en todos sus niveles.
d) Fomentará las actividades de investigación en el campo de las ciencias de la salud e innovación tecnológica.

13. Constituyen fuentes de financiación del Sistema Sanitario Público de la Comunidad de Madrid las siguientes. Indique la opción incorrecta:

a) Las partidas consignadas en los presupuestos de los Ayuntamientos de la Comunidad de Madrid que, con carácter suficiente, estén destinadas a atender el gasto que se derive del cumplimiento de las funciones y competencias sanitarias que les correspondan.
b) Las subvenciones y aportaciones voluntarias de entidades y particulares a los entes de naturaleza pública.
c) Los rendimientos obtenidos de los fondos y tributos cedidos total o parcialmente por la Comunidad de Madrid al Estado, para fines sanitarios.
d) Ninguna es correcta.

14. En relación a la Autoridad Sanitaria de la Comunidad de Madrid, indique la opción correcta:

a) Le corresponde a la Autoridad Sanitaria de la Comunidad de Madrid, en el ámbito de su competencia, la coordinación sanitaria cuyo propósito es el de vertebrar el Sistema Sanitario, integrando la diversidad de actuaciones de la sociedad civil y las distintas administraciones sanitarias, en relación con los objetivos de salud y evitando las disfunciones que puedan dificultar la funcionalidad del Sistema.

b) El Gobierno de la Comunidad de Madrid ejerce la función de Autoridad Sanitaria.

c) Será competente para autorizar productos farmacéuticos y sanitarios.

d) Todas son correctas.

15. La Administración Sanitaria de la Comunidad de Madrid, a través de los recursos y medios de los que dispone el Sistema Sanitario y de los organismos competentes en cada caso, promoverá, impulsará y desarrollará las actuaciones de salud pública encaminadas a garantizar los derechos de protección de la salud de la población de la Comunidad de Madrid, desde una perspectiva comunitaria, con especial énfasis en:

a) La atención integral de la salud en todos los ámbitos asistenciales, así como las actuaciones sanitarias que sean necesarias como apoyo a la atención sociosanitaria.

b) La atención integrada de salud mental potenciando los recursos asistenciales en el ámbito ambulatorio, los sistemas de hospitalización parcial, la atención domiciliaria, la rehabilitación psicosocial en coordinación con los servicios sociales, y realizándose las hospitalizaciones psiquiátricas, cuando se requiera, en unidades psiquiátricas hospitalarias.

c) La asistencia sanitaria a las emergencias, catástrofes y urgencias en la Comunidad de Madrid.

d) La vigilancia en salud pública y la difusión de la información epidemiológica general y específica para fomentar el conocimiento detallado de los problemas de salud.

16. En lo que respecta a la Salud Laboral la Administración de la Comunidad de Madrid:

a) Promoverá actuaciones en materia de Salud Laboral, en el marco de lo dispuesto en la legislación vigente.

b) Desarrollará la prevención, protección, promoción y mejora de la salud integral del trabajador.

c) Será competencia de la Consejería de Sanidad de la Comunidad de Madrid, el desarrollo como mínimo de la promoción general de la salud integral de la población incluida la relacionada con el ámbito laboral.

d) Todas son correctas.

17. ¿Qué competencias ejercerán las Corporaciones Locales, según indica la Ley 12/2001?

a) Control sanitario y salubridad.

b) Vacunación.

c) Control farmacéutico.
d) Ninguna es correcta.

18. ¿Qué recurso se puede interponer contra los actos administrativos de la Consejería de Sanidad de la Comunidad de Madrid?

a) Únicamente el recurso contencioso-administrativo.
b) Exclusivamente el recurso potestativo de reposición.
c) El recurso de alzada, en todo caso.
d) Los recursos que correspondan en los mismos casos, plazos y formas previstos en la Ley de Procedimiento Administrativo.

19. El dispositivo sanitario público y las prestaciones sanitarias derivadas del Sistema Nacional de Salud se financiarán con cargo a:

a) Los recursos que le puedan corresponder por la participación de la Comunidad de Madrid en los Presupuestos municipales.
b) Los rendimientos obtenidos de los fondos y tributos cedidos total o parcialmente por el Estado a la Comunidad de Madrid para fines sanitarios.
c) Las subvenciones y aportaciones voluntarias de entidades y particulares a los entes de naturaleza privada.
d) Todas son correctas.

20. Señala la opción correcta:

a) La creación del Sistema Sanitario de la Comunidad de Madrid se realiza bajo el principio de universalidad del Sistema Nacional de Salud, con el objeto de consolidar la vertebración, la equidad y la igualdad efectiva en el acceso a sus prestaciones.
b) La creación del Sistema Sanitario de la Comunidad de Madrid se realiza bajo el principio de vertebración del Sistema Nacional de Salud, con el objeto de consolidar la universalidad, la equidad y la igualdad efectiva en el acceso a sus prestaciones.
c) La creación del Sistema Sanitario de la Comunidad de Madrid se realiza bajo el principio de igualdad en el Sistema Nacional de Salud, con el objeto de consolidar la universalidad, la equidad y la no discriminación en el acceso a sus prestaciones.
d) La creación del Sistema Sanitario de la Comunidad de Madrid se realiza bajo el principio de vertebración del Sistema Nacional de Salud, con el objeto de consolidar la eficacia, la equidad y la eficiencia en el acceso a sus prestaciones.

En MADTEST tienes **más preguntas de este tema**, y todos tus avances quedan registrados y se reflejan en el ranking.

¡Supera tus límites con MADTEST!

Solución al test n.º 4

1. c) Se publicó en el BOCM el 26 de diciembre de 2001.

2. b) Al Consejo de Gobierno de la Comunidad de Madrid.

3. a) La Consejería de Sanidad.

4. d) Universalización de los servicios sanitarios de carácter individual exclusivamente para las personas residentes en la Comunidad de Madrid, en todo caso, en la forma y condiciones previstas en la legislación general que resulte de aplicación, atendiendo a los principios de igualdad y solidaridad y equidad en el acceso.

5. b) Funcional.

6. b) El Gobierno de la Comunidad de Madrid.

7. d) La aprobación del Plan de Salud.

8. a) El establecimiento de normas y criterios de actuación en cuanto a la acreditación de centros y servicios.

9. b) El Gobierno de la Comunidad de Madrid.

10. d) Todas son correctas.

11. b) La Consejería de Sanidad.

12. a) Desarrollará la prevención, protección, promoción y mejora de la salud integral del trabajador.

13. c) Los rendimientos obtenidos de los fondos y tributos cedidos total o parcialmente por la Comunidad de Madrid al Estado, para fines sanitarios.

14. a) Le corresponde a la Autoridad Sanitaria de la Comunidad de Madrid, en el ámbito de su competencia, la coordinación sanitaria cuyo propósito es el de vertebrar el Sistema Sanitario, integrando la diversidad de actuaciones de la sociedad civil y las distintas administraciones sanitarias, en relación con los objetivos de salud y evitando las disfunciones que puedan dificultar la funcionalidad del Sistema.

15. d) La vigilancia en salud pública y la difusión de la información epidemiológica general y específica para fomentar el conocimiento detallado de los problemas de salud.

16. d) Todas son correctas.

17. a) Control sanitario y salubridad.

18. d) Los recursos que correspondan en los mismos casos, plazos y formas previstos en la Ley de Procedimiento Administrativo.

19. b) Los rendimientos obtenidos de los fondos y tributos cedidos total o parcialmente por el Estado a la Comunidad de Madrid para fines sanitarios.

20. b) La creación del Sistema Sanitario de la Comunidad de Madrid se realiza bajo el principio de vertebración del Sistema Nacional de Salud, con el objeto de consolidar la universalidad, la equidad y la igualdad efectiva en el acceso a sus prestaciones.

TEST N.º 5

La ley 1/2004, de Medidas de Protección Integral contra la Violencia de Género: principios rectores, medidas de sensibilización, prevención y detección en el ámbito sanitario. Derechos de las funcionarias públicas. Ley 5/2005, de 20 de diciembre, integral contra la violencia de género de la Comunidad de Madrid. Ley Orgánica 3/2007, para la Igualdad Efectiva de Mujeres y Hombres: Objeto y ámbito de la ley. Integración del principio de igualdad en la política de salud. Modificaciones de la Ley General de Sanidad. Ley 3/2016, de 22 de julio, de protección integral contra la LGTBfobia y la discriminación por razón de orientación en identidad sexual en la Comunidad de Madrid

1. La aplicación de la Ley Orgánica 1/2004, de 28 de diciembre:

a) No supone la existencia necesariamente de convivencia entre la víctima y el agresor.
b) Supone que en algún momento anterior haya existido convivencia entre la víctima y el agresor,
c) Supone la convivencia, al menos en el momento del hecho, entre la víctima y el agresor.
d) Supone siempre la inexistencia de convivencia entre la víctima y el agresor.

2. Las medidas de protección integral de la Ley Orgánica 1/2004, de 28 de diciembre:

a) No tienen finalidad sancionadora.
b) Su finalidad es esencialmente reparadora.
c) Tienen finalidad previsora y sancionadora.
d) Tienen finalidad prioritariamente sancionadora.

3. La violencia de género a que se refiere la Ley Orgánica 1/2004, de 28 de diciembre:

a) Comprende excepcionalmente la violencia psicológica
b) Comprende la violencia psicológica siempre que vaya unida a la violencia física.

c) Excluye la violencia psicológica.

d) Incluye la violencia psicológica por sí.

4. La violencia de género a que se refiere la Ley Orgánica 1/2004, de 28 de diciembre:

a) Incluye las amenazas y las coacciones.

b) Incluye las amenazas y las coacciones solo cuando vayan acompañadas o seguidas de privación de libertad.

c) Incluye las amenazas, pero no las coacciones salvo que vayan seguidas de hechos violentos.

d) Incluye las coacciones pero no las amenazas salvo que vayan seguidas de hechos violentos.

5. La Ley Orgánica 1/2004, de 28 de diciembre tiene como objetivo establecer un sistema integral de tutela institucional:

a) Por parte de la Administración Estatal y de las Administraciones de las Comunidades Autónomas que tengan competencia sobre la materia, así como de las Entidades Locales.

b) Por parte de las Cortes y de las Asambleas Legislativas de las Comunidades Autónomas.

c) Por parte de la Administración General del Estado

d) Por parte de la Administración Estatal y de las Administraciones de las Comunidades Autónomas.

6. La LO 1/2004 tiene por objeto:

a) Actuar contra la violencia que, como manifestación de la discriminación, la situación de desigualdad y las relaciones de poder de los hombres sobre las mujeres, se ejerce sobre éstas por parte de quienes sean o hayan sido sus cónyuges o de quienes estén o hayan estado ligados a ellas por relaciones similares de afectividad, aun sin convivencia.

b) Actuar contra la violencia que, como manifestación de la discriminación, la situación de desigualdad y las relaciones de poder de los hombres sobre las mujeres, se ejerce sobre éstas por parte de quienes sean o hayan sido sus cónyuges o de quienes estén o hayan estado ligados a ellas por relaciones similares de afectividad, siempre que exista convivencia.

c) Actuar contra la violencia que, como manifestación de la discriminación, la situación de desigualdad y las relaciones de poder de los hombres sobre las mujeres, se ejerce sobre éstas por parte de quienes sean sus cónyuges o de quienes estén ligados a ellas por relaciones similares de afectividad, siempre que exista convivencia.

d) Actuar contra la violencia que, como manifestación de la discriminación, la situación de desigualdad y las relaciones de poder de los hombres sobre las mujeres, se ejerce sobre éstas por parte de quienes sean sus cónyuges o de quienes estén ligados a ellas por relaciones similares de afectividad, aun sin convivencia.

7. Conforme al artículo 2 de la LO 1/2004, un principio rector de esta ley es consagrar los derechos de las mujeres víctimas de violencia de género exigibles ante las Administraciones Públicas, y así asegurar un acceso a los servicios establecidos al efecto, rápido, transparente y:

a) Eficaz.
b) Duradero.
c) Seguro.
d) Económico.

8. Según el artículo 2 de la LO 1/2004, uno de los fines a alcanzar a través del conjunto integral de medidas articulado en esta ley es, garantizar derechos económicos para las mujeres víctimas de violencia de género:

a) Así como establecer un sistema para la más eficaz coordinación de los servicios ya existentes a nivel municipal y autonómico.
b) Para asegurar la prevención de los hechos de violencia de género.
c) Con el fin de facilitar su integración social.
d) Promoviendo la colaboración y participación de las entidades, asociaciones y organizaciones que desde la sociedad civil actúan contra la violencia de género.

9. Conforme al artículo 3 de la LO 1/2004, el Plan Nacional de Sensibilización y Prevención de la Violencia de Género debe dirigirse tanto a hombres como a mujeres desde un trabajo comunitario y:

a) Multidisciplinar.
b) Integral.
c) Complementario.
d) Intercultural.

10. Conforme al artículo 3 de la LO 1/2004, con el fin de prevenir la violencia de género, en el marco de sus competencias, los poderes públicos deben impulsar:

a) Cursos de información y sensibilización.
b) Campañas de información y sensibilización.
c) Programas de información y sensibilización.
d) Jornadas de información y sensibilización.

11. La Comisión contra la Violencia de Género del Consejo Interterritorial del Sistema Nacional de Salud estará compuesta por representantes:

a) De todos los Parlamentos autonómicos.
b) De las asociaciones y organizaciones no gubernamentales cuyo fin sea la prevención y erradicación de la violencia de género.
c) De todas las Comunidades Autónomas con competencia en la materia.
d) De todos los partidos políticos con representación parlamentaria.

12. Las ausencias o faltas de puntualidad al trabajo motivadas por la situación física o psicológica derivada de la violencia de género se considerarán:

a) Justificadas, cuando así lo determinen las autoridades judiciales.
b) Justificadas en todo caso.
c) Justificadas, cuando así lo determinen los servicios sociales de atención o servicios de salud, según proceda.
d) Faltas leves.

13. Señale la respuesta incorrecta. Según la Ley Orgánica 1/2004, de 28 de diciembre, de medidas de protección integral contra la violencia de género, las funcionarias víctimas de violencia de género tendrán derecho a:

a) La movilidad geográfica de centro de trabajo.
b) La excedencia por este motivo.
c) Acceder a la promoción interna de forma preferente.
d) La reducción o reordenación de su tiempo de trabajo.

14. La Comunidad de Madrid, en colaboración con las Corporaciones Locales, realizará un estudio sobre el impacto de la violencia de género en la Región, así como una valoración de necesidades, recursos y servicios de atención a las víctimas:

a) Semestralmente.
b) Anualmente.
c) Bianualmente.
d) Cada cuatro años.

15. Teniendo en cuenta que la Violencia de Género tiene su origen en la desigualdad entre hombres y mujeres, la atención a las víctimas en la Comunidad de Madrid se realizará desde la consideración de las causas estructurales del problema, así como de las especiales circunstancias en las que aquellas se encuentran, en virtud del principio de:

a) Asistencia integral.
b) Efectividad.
c) Integración.
d) Perspectiva de género.

16. Los pisos tutelados de la Comunidad de Madrid, tienen por objeto dispensar alojamiento y seguimiento psicosocial a las mujeres y personas a su cargo que han finalizado el proceso de atención en un Centro de Acogida y que continúan precisando de apoyo en la consecución de su autonomía personal por un tiempo máximo de:

a) 6 meses.
b) 12 meses.
c) 18 meses.
d) 2 años.

17. Los Centros de Emergencia de la Comunidad de Madrid, tienen por objeto dispensar alojamiento seguro e inmediato, así como manutención y otros gastos a las mujeres y menores a su cargo, por un tiempo máximo de:

a) 2 meses.
b) 4 meses.
c) 12 meses.
d) 18 meses.

18. En la Comunidad de Madrid, la atención psicológica y social, dirigida a las mujeres víctimas de Violencia de Género y los menores que se encuentren bajo su patria potestad, tutela, guarda o situación análoga y personas dependientes de la mujer víctima de Violencia de Género, tiene por objeto reparar el daño sufrido mediante una intervención integral y:

a) Humanitaria.
b) Especializada.
c) Colegiada.
d) Transparente.

19. ¿Cuál de las siguientes es la Ley integral contra la violencia de género de la Comunidad de Madrid?

a) Ley 5/2005, de 20 de diciembre.
b) Ley 20/2005, de 5 de diciembre.
c) Ley 15/2010, de 20 de noviembre.
d) Ley 10/2010, de 5 de noviembre.

20. En relación con el acceso de las mujeres víctimas de violencia de género a los correspondientes servicios de información y orientación jurídica de la Comunidad de Madrid, es cierto que:

a) Deberán aportar documento acreditativo de su condición de víctima.
b) Deberán prestar sus datos de identificación personal.
c) Tendrán que acudir acompañadas de un testigo.
d) Podrán conservar su anonimato.

En MADTEST tienes **más preguntas de este tema**, y todos tus avances quedan registrados y se reflejan en el ranking.

¡Supera tus límites con MADTEST!

Solución al test n.º 5

1. a) No supone la existencia necesariamente de convivencia entre la víctima y el agresor.

2. c) Tienen finalidad previsora y sancionadora.

3. d) Incluye la violencia psicológica por sí.

4. a) Incluye las amenazas y las coacciones.

5. c) Por parte de la Administración General del Estado.

6. a) Actuar contra la violencia que, como manifestación de la discriminación, la situación de desigualdad y las relaciones de poder de los hombres sobre las mujeres, se ejerce sobre éstas por parte de quienes sean o hayan sido sus cónyuges o de quienes estén o hayan estado ligados a ellas por relaciones similares de afectividad, aun sin convivencia.

7. a) Eficaz.

8. c) Con el fin de facilitar su integración social.

9. d) Intercultural.

10. b) Campañas de información y sensibilización.

11. c) De todas las Comunidades Autónomas con competencia en la materia.

12. c) Justificadas, cuando así lo determinen los servicios sociales de atención o servicios de salud, según proceda.

13. c) Acceder a la promoción interna de forma preferente.

14. c) Bianualmente.

15. d) Perspectiva de género.

16. c) 18 meses.

17. a) 2 meses.

18. b) Especializada.

19. a) Ley 5/2005, de 20 de diciembre.

20. d) Podrán conservar su anonimato.

TEST N.º 6

Ley 11/2017, de 22 de diciembre, de Buen Gobierno y Profesionalización de la Gestión de los Centros y Organizaciones Sanitarias del Servicio Madrileño de Salud

1. No es un órgano de asesoramiento y participación:

a) La Junta Técnico Asistencial.
b) Las Comisiones Técnicas Consultivas.
c) Las Comisiones de Dirección.
d) Los Consejos Territoriales de Salud.

2. ¿A quién le corresponde examinar y evaluar la actividad asistencial y su vinculación con la ejecución presupuestaria de la organización?

a) A la Comisión de Dirección.
b) A la Junta Técnico Asistencial.
c) A los Consejos Territoriales de Salud.
d) A la Junta de Gobierno.

3. La Junta de Gobierno se reunirá con carácter ordinario:

a) Al menos una vez al trimestre.
b) Al menos dos veces al mes.
c) Mensualmente.
d) Cada quince días.

4. Elaborar y elevar a la Junta de Gobierno para su aprobación y posterior remisión a la Dirección General del Servicio Madrileño de Salud, la memoria anual es competencia de:

a) La Junta Técnico Asistencial.
b) La Comisión de Dirección.
c) El personal directivo dependiente de la Dirección Gerencia o Dirección Territorial de Atención Primaria.
d) La Dirección Gerencia y la Dirección Territorial de Atención Primaria.

5. El mandato de los miembros de la Junta de Gobierno propuestos conforme al artículo 5.4.b) de la Ley 11/2017, será de:

a) Cinco años.
b) Cuatro años.
c) Tres años.
d) carácter vitalicio.

6. Las organizaciones del Servicio Madrileño de Salud contarán con personal directivo:

a) Su número y denominación dependerá de la naturaleza de la organización, de su tamaño y características específicas.
b) Por Ley se determinará la estructura marco para los diferentes tipos de organiza-ciones del Servicio Madrileño de Salud.
c) El Director General del SERMA propondrá la designación del personal directivo.
d) Todas son correctas.

7. Señala la respuesta correcta en relación a la composición de la Junta de Gobierno, que se establece como máximo:

a) Un Presidente, dos Vicepresidentes y 10 Vocales.
b) Un Presidente, un Vicepresidente y 11 Vocales.
c) Un Presidente, un Secretario y 7 Vocales.
d) Un Presidente, un Secretario y 10 Vocales.

8. ¿Cuántos Vocales de la Junta de Gobierno son propuestos por el Servicio Madrileño de Salud?

a) Ninguno.
b) Dos.
c) Cuatro.
d) Seis.

9. Entre los órganos de dirección de las organizaciones del Servicio Madrileño de Salud no se encuentra:

a) El Director Gerente.
b) El Director Territorial.
c) La Dirección Gerencia del SUMA 112.
d) Los Consejos Territoriales de Salud.

10. ¿A quién le corresponde promover la participación comunitaria en el ámbito de actuación de la Dirección Territorial de Atención Primaria?

a) Al Pleno de los Consejos Territoriales de Salud.
b) A las Comisiones Técnicas Consultivas.

c) A la Junta Técnico Asistencial.
d) Ninguna es correcta.

11. En las Direcciones Territoriales de Atención Primaria, no es una Comisión Técnica Consultiva:

a) La Comisión de Calidad y Seguridad del Paciente.
b) La Comisión de Salud Mental.
c) La Comisión de Formación e Investigación.
d) La Comisión de Evaluación de Tecnología.

12. En relación a la Comisión de Dirección es cierto que:

a) Estará presidida por el Consejero de Sanidad.
b) Le corresponde realizar el control del gasto ajustado a la actividad establecida en el contrato programa.
c) Asume la coordinación de los diferentes niveles asistenciales así como de los diversos dispositivos socio-sanitarios.
d) Ejerce el control de la ejecución y consecución de objetivos.

13. ¿A qué órgano le corresponde, aprobar con periodicidad anual el inventario y la Memoria expresiva de las actividades asistenciales, docentes e investigadoras y de la gestión económica de la organización?

a) A la Junta de Gobierno.
b) Al Director Gerente.
c) A la Comisión de Dirección.
d) A la Junta Técnico Asistencial.

14. ¿Quién preside la Junta Técnica Asistencial en los centros hospitalarios?

a) El Director Territorial.
b) El Director Gerente.
c) El Director médico.
d) Ninguna es correcta.

15. Señala la respuesta correcta sobre los Consejos Territoriales de Salud:

a) Funcionarán en Pleno y en Comisión de Coordinación.
b) Su composición se fijará por Ley.
c) Formará parte del mismo el director territorial de atención especializada.
d) Su Presidente, será el alcalde del municipio donde se ubique el hospital o Dirección Territorial de Atención Primaria.

16. La Comisión de Tejidos y Tumores es una Comisión Técnica Consultiva:

a) En los hospitales del Servicio Madrileño de Salud.
b) Es una Comisión creada si la actividad desarrollada y las características del centro hospitalario lo aconsejan.

c) Es una Comisión en las Direcciones Territoriales de Atención Primaria.
d) Ninguna es correcta.

17. Respecto a los informes, dictámenes y recomendaciones de la Junta Técnica Asistencial es cierto que:

a) Son vinculantes.
b) Las actuaciones en las que no se atienda su criterio requerirán notificación.
c) Las actuaciones en las que no se atienda su criterio requerirán motivación suficiente y adecuada.
d) Todas son correctas.

18. El SUMA 112 es:

a) Un órgano directivo unipersonal.
b) Un órgano de Dirección unipersonal.
c) Un órgano de asesoramiento y participación.
d) Ninguna es correcta.

19. Tener acceso regular al cuadro de mando de la organización sobre toda la actividad asistencial de la misma incluyendo tiempos de demora en los diversos servicios es competencia de:

a) La Comisión de Dirección.
b) La Junta Técnica Asistencial.
c) Los Consejos Territoriales de Salud.
d) La Junta de Gobierno.

20. ¿A quién debe elevar los informes que considere necesario la Junta Técnico Asistencial?

a) A ningún órgano.
b) A la Dirección Gerencia de los centros hospitalarios.
c) A la Dirección Territorial de Atención Primaria.
d) A la Junta de Gobierno y a la Comisión de Dirección.

En MADTEST tienes **más preguntas de este tema**, y todos tus avances quedan registrados y se reflejan en el ranking.

¡Supera tus límites con MADTEST!

Solución al test n.º 6

1. c) Las Comisiones de Dirección.

2. d) A la Junta de Gobierno.

3. a) Al menos una vez al trimestre.

4. d) La Dirección Gerencia y la Dirección Territorial de Atención Primaria.

5. a) Cinco años.

6. a) Su número y denominación dependerá de la naturaleza de la organización, de su tamaño y características específicas..

7. b) Un Presidente, un Vicepresidente y 11 Vocales.

8. d) Seis.

9. d) Los Consejos Territoriales de Salud.

10. a) Al Pleno de los Consejos Territoriales de Salud.

11. d) La Comisión de Evaluación de Tecnología.

12. b) Le corresponde realizar el control del gasto ajustado a la actividad establecida en el contrato programa.

13. a) A la Junta de Gobierno.

14. c) El Director médico.

15. a) Funcionarán en Pleno y en Comisión de Coordinación.

16. b) Es una Comisión creada si la actividad desarrollada y las características del centro hospitalario lo aconsejan.

17. c) Las actuaciones en las que no se atienda su criterio requerirán motivación suficiente y adecuada.

18. b) Un órgano de Dirección unipersonal.

19. b) La Junta Técnica Asistencial.

20. d) A la Junta de Gobierno y a la Comisión de Dirección.

TEST N.º 7

Ley 41/2002, de 14 de noviembre, básica reguladora de la autonomía del paciente y de derechos y obligaciones en materia de información y documentación clínica. El derecho de información sanitaria. El derecho a la intimidad. El respeto a la autonomía del paciente. La historia clínica. El consentimiento informado. La tarjeta sanitaria

1. La Ley de Autonomía del Paciente establece la obligatoriedad de obtener el consentimiento informado del paciente:

a) Solo en los casos de intervención quirúrgica.

b) Solo en los casos de aplicación de procedimientos que supongan grandes riesgos o inconvenientes de notoria repercusión negativa sobre su salud.

c) Para toda actuación en el ámbito de su salud.

d) La Ley no establece esta obligación.

2. Tal y como establece la Ley 41/2002, de Autonomía del Paciente, en caso de que el paciente no acepte el tratamiento se le propondrá que firme el alta voluntaria y si no la firma la Dirección del Centro:

a) Puede disponer el alta forzosa.

b) Firmará en su nombre el alta involuntaria.

c) Mantendrá el ingreso por periodo mínimo de cinco días naturales.

d) No está reconocida la negativa al tratamiento de los pacientes.

3. El derecho del paciente a no ser informado:

a) No está reconocido por la ley.

b) Podrá restringirse en cualquier momento.

c) Podrá restringirse cuando sea estrictamente necesario en beneficio del paciente.

d) Solo podrá ejercitarse si el paciente designa a un familiar o a otra persona a la que se le facilite la información.

4. El reconocimiento legal de que se respeten los deseos expresados anteriormente en el documento de *instrucciones previas* es una manifestación del derecho:

a) A la información sanitaria.
b) A la segunda opinión.
c) A la autonomía del paciente.
d) A la información post-mortem.

5. Indique la proposición incorrecta en relación con los requisitos del consentimiento:

a) Debe ser libre.
b) Debe ser voluntario.
c) La decisión de consentir debe anteceder a una información adecuada.
d) La persona que lo presta debe tener capacidad para conocer, comprender y querer el alcance de su decisión.

6. La Ley 41/2002, de Autonomía del paciente, establece que, como regla general, el consentimiento se manifestará en forma:

a) Verbal.
b) Escrita.
c) Documental.
d) Ante testigos.

7. Según establece la Ley 41/2002, de Autonomía del paciente, el paciente o usuario tiene derecho a decidir libremente entre las opciones clínicas disponibles después de recibir:

a) Información completa.
b) Información adecuada.
c) Información documental.
d) Información escrita.

8. La renuncia del paciente a recibir información:

a) No se reconoce por la ley.
b) Está limitada por el interés de la salud del propio paciente.
c) No está limitada por el interés de la salud de terceros.
d) Ninguna de las anteriores es correcta.

9. Según establece la Ley 41/2002, de Autonomía del paciente, ha de constar siempre por escrito:

a) La información al paciente.
b) El consentimiento informado.

c) La aceptación del tratamiento.
d) La negativa al tratamiento.

10. En la legislación sanitaria española, el consentimiento escrito del paciente:

a) Es una exigencia legal.
b) Es conveniente.
c) Es obligatorio en determinados supuestos.
d) No es necesario.

11. Según establece la Ley de Autonomía del Paciente el consentimiento se prestará por escrito en el caso de:

a) Realización de una actuación sanitaria en el paciente.
b) Aplicación en el paciente de un procedimiento no invasor.
c) Intervención quirúrgica.
d) Aplicación de procedimientos de imprevisible repercusión negativa sobre la salud del paciente.

12. Según determina la Ley 41/2002, el paciente tiene derecho a recibir un informe de alta:

a) Solo si ha existido ingreso hospitalario.
b) A la finalización del proceso asistencial.
c) En cuyo contenido mínimo habrán de figurar, entre otros, datos de información sanitaria epidemiológica.
d) Previa solicitud.

13. Existen supuestos legales en los que los facultativos pueden llevar a cabo las intervenciones clínicas indispensables en favor de la salud del paciente sin necesidad de contar con su consentimiento ni el de sus representantes o familiares. Señale uno de ellos:

a) Cuando el paciente esté incapacitado legalmente.
b) Cuando existe riesgo para la salud pública según determinen las autoridades sanitarias.
c) En caso de riesgo inmediato grave para la integridad física de otro paciente.
d) Cuando el paciente no sea capaz de tomar decisiones.

14. La Ley de Autonomía del paciente reconoce el derecho a que se respeten los deseos expresados anteriormente en el:

a) Testamento vital.
b) Documento de voluntades anticipadas.

c) Documento de instrucciones previas.
d) Documento de instrucciones preliminares.

15. No serán aplicadas las instrucciones previas:

a) Que no se hayan formalizado ante notario.
b) Que incorporen actuaciones previstas en el ordenamiento jurídico.
c) Que incorporen previsiones contrarias a la buena práctica clínica.
d) Que se correspondan exactamente con el supuesto de hecho previsto por el sujeto en el momento de emitirlas.

16. ¿Cuándo puede revocar el paciente su consentimiento?

a) Hasta 48 horas antes de llevarse a cabo la intervención que hubiese consentido.
b) En cualquier momento.
c) Cuando así lo considere oportuno el director del centro sanitario.
d) Nunca, si lo prestó por escrito.

17. ¿En cuál de los siguientes supuestos se otorgará el consentimiento por representación?

a) Cuando el paciente esté incapacitado legalmente.
b) Cuando el paciente mayor de edad no sea capaz intelectual ni emocionalmente de comprender el alcance de la intervención.
c) Cuando el paciente, aun cuando sea capaz de tomar decisiones, a criterio del médico responsable de la asistencia, considere que no es suficientemente adulto como para entender su situación.
d) Todas las respuestas son correctas.

18. ¿En qué circunstancias se puede proceder sobre el paciente sin su consentimiento?

a) En una intervención quirúrgica rutinaria.
b) En un cateterismo necesario, aunque existan otras alternativas.
c) En situaciones de riesgos para la Salud Pública.
d) En la realización de una radiografía simple como prueba complementaria.

19. ¿Cuándo se otorgará consentimiento informado por el representante del paciente?

a) Nunca.
b) Cuando éste no sea capaz de tomar decisiones por encontrarse en coma.
c) Cuando éste no sea capaz de tomar decisiones por alteración grave de su estado psíquico.
d) Son ciertas b) y c).

20. ¿Qué no es cierto o no se reconoce del documento de instrucciones previas?

a) La voluntad de una persona mayor de edad, capaz y libre.

b) La voluntad que su contenido se cumpla "a posteriori" del procedimiento quirúrgico o/y médico a seguir con el paciente que lo realiza, ante la imposibilidad que él pueda otorgar su consentimiento.

c) La voluntad del paciente ante una circunstancia física que le impida dar su consentimiento, respecto a cuidados y el tratamiento de su salud.

d) La voluntad de los familiares, del fin de su cadáver, aunque él diga lo contrario en el documento de instrucciones previas.

En MADTEST tienes **más preguntas de este tema**, y todos tus avances quedan registrados y se reflejan en el ranking.

¡Supera tus límites con MADTEST!

Solución al test n.º 7

1. c) Para toda actuación en el ámbito de su salud.

2. a) Puede disponer el alta forzosa.

3. c) Podrá restringirse cuando sea estrictamente necesario en beneficio del paciente.

4. c) A la autonomía del paciente.

5. c) La decisión de consentir debe anteceder a una información adecuada.

6. a) Verbal.

7. b) Información adecuada.

8. b) Está limitada por el interés de la salud del propio paciente.

9. d) La negativa al tratamiento.

10. c) Es obligatorio en determinados supuestos.

11. c) Intervención quirúrgica.

12. b) A la finalización del proceso asistencial.

13. d) Cuando el paciente no sea capaz de tomar decisiones.

14. c) Documento de instrucciones previas.

15. c) Que incorporen previsiones contrarias a la buena práctica clínica.

16. b) En cualquier momento.

17. a) Cuando el paciente esté incapacitado legalmente.

18. c) En situaciones de riesgos para la Salud Pública.

19. d) Son ciertas b) y c).

20. d) La voluntad de los familiares, del fin de su cadáver, aunque él diga lo contrario en el documento de instrucciones previas.

Ley 55/2003, de 16 de diciembre del Estatuto Marco del Personal Estatutario de los Servicios de Salud: clasificación del personal. Derechos y deberes. Adquisición y pérdida de la condición de personal estatutario. Régimen disciplinario

1. La Ley 55/2003 del Estatuto Marco de Personal Estatutario de los Servicios de Salud es aplicable:

a) Al personal estatutario de los servicios de salud.
b) Al personal sanitario excluyendo al personal de gestión y servicios.
c) Al personal funcionario de las Comunidades Autónomas.
d) Al personal funcionario del Estado.

2. El personal estatutario con nombramiento expedido para el ejercicio de una profesión o especialidad sanitaria se denomina:

a) Personal sanitario.
b) Otro personal.
c) Personal de mantenimiento.
d) Personal de gestión y servicios.

3. El personal estatutario con nombramiento expedido para el desempeño de funciones de gestión o para el desempeño de profesiones u oficios que no tengan carácter sanitario se denomina:

a) Personal universitario.
b) Personal de gestión y servicios.
c) Personal directivo.
d) Personal administrativo.

4. Conforme a lo dispuesto en el artículo 2.2 de la Ley 55/2003, de 16 de diciembre, del Estatuto Marco del personal estatutario de los servicios de salud, en lo no previsto en la misma serán aplicables al personal estatutario:

a) Las disposiciones y principios generales sobre función pública de la Administración correspondiente.
b) Las disposiciones de derecho laboral, dictadas al amparo del artículo 149.1.7º de la Constitución.
c) Las disposiciones sobre función pública de la Administración del Estado, en todo caso, conforme a lo dispuesto en el artículo 149.3 de la Constitución.
d) El convenio colectivo del personal laboral al servicio de la Administración correspondiente.

5. Conforme al artículo 6.2 de la Ley 55/2003, de 16 de diciembre, del Estatuto Marco del personal estatutario de los servicios de salud, atendiendo al nivel académico del título exigido para el ingreso, el personal estatutario sanitario de formación profesional se divide en:

a) Técnicos sanitarios y Auxiliares de Enfermería.
b) Técnicos superiores y Técnicos.
c) Técnicos superiores y Técnicos de gestión.
d) Técnicos especialistas y Técnicos.

6. La categoría profesional de Celador está comprendida dentro del grupo de:

a) Personal de gestión y servicios.
b) Personal no estatutario.
c) Personal estatutario sanitario.
d) Personal estatutario de formación profesional.

7. Es personal Estatutario Sanitario:

a) El que ejerce una profesión o especialidad sanitaria.
b) El que ostenta esta condición en virtud de nombramiento expedido para el ejercicio de una profesión o especialización sanitaria.
c) El que desempeña una categoría clasificada como sanitaria.
d) Quien ejerza una profesión sanitaria sin ostentar la condición de funcionario.

8. El personal Estatutario de Gestión y Servicio se clasifica en función del título exigido para el ingreso en:

a) Personal de formación universitaria, personal de formación personal y otro personal.
b) Personal universitario, personal de formación profesional y personal subalterno.
c) Personal licenciado universitario, personal de administración y personal auxiliar.
d) Ninguna es correcta.

9. En el supuesto de existencia de plaza vacante, son estatutarios interinos los que, por razones expresamente justificadas de necesidad y urgencia, son nombrados como tales con carácter temporal para el desempeño de funciones propias de estatutarios, cuando no sea posible su cobertura por personal estatutario fijo, durante un plazo máximo de:

a) Dos años.
b) Tres años.
c) Cuatros años.
d) Seis años.

10. El incumplimiento del plazo máximo de permanencia dará lugar a una compensación económica para el personal estatutario temporal afectado, que será equivalente a:

a) Veinte días de sus retribuciones fijas por año de servicio.
b) Veinte días de su sueldo, más trienios y complemento de destino por año de servicio.
c) Veinte días de todas sus retribuciones por año de servicio.
d) Veinte días de su sueldo por año de servicio.

11. No constituye un derecho individual del personal estatutario:

a) La estabilidad en el empleo.
b) La movilidad voluntaria.
c) El descanso necesario.
d) La negociación colectiva.

12. El régimen de derechos del personal estatutario será aplicable al personal temporal:

a) En la medida en que la naturaleza del derecho lo permita.
b) En todo caso.
c) En ningún caso.
d) Solo cuando así se establezca en su nombramiento.

13. En relación con los derechos y deberes regulados en el Estatuto Marco, no se considera un derecho colectivo:

a) La huelga.
b) La actividad sindical.
c) La reunión.
d) La estabilidad en el empleo.

14. Entre los siguientes derechos que le reconoce el Estatuto Marco al personal estatutario, ¿cuál de ellos no tiene el carácter de derecho individual?

a) La estabilidad en el empleo.

b) El respeto a la dignidad e intimidad personal en el trabajo.

c) La formación continuada adecuada a la función desempeñada.

d) Disponer de servicios de prevención y de órganos representativos en materia de seguridad laboral.

15. El personal estatutario de los servicios de salud tiene el deber de:

a) Participar en la elaboración de los convenios colectivos.

b) Realizar sus funciones fuera del horario y jornada habitual.

c) Realizar actividades sindicales.

d) Respetar la Constitución, el Estatuto de Autonomía correspondiente y el resto del ordenamiento jurídico.

16. Según el Estatuto Marco del Personal Estatutario de los Servicios de Salud, ¿cuál de los siguientes es un derecho colectivo?

a) Derecho a la percepción puntual de las retribuciones e indemnizaciones por razón del servicio en cada caso establecidas.

b) Derecho a la libre sindicación.

c) Derecho a la movilidad voluntaria, promoción interna y desarrollo profesional, en la forma en que prevean las disposiciones en cada caso aplicables.

d) Derecho a la jubilación en los términos y condiciones establecidas en las normas en cada caso aplicables.

17. La condición de personal estatutario fijo se adquiere:

a) Por la superación de las pruebas de selección, contrato firmado con el órgano competente e incorporación a una plaza.

b) Por la superación de las pruebas de selección, publicación de su designación en el boletín oficial correspondiente e incorporación a la plaza.

c) Por la superación de la prueba selectiva, nombramiento conferido por el órgano competente e incorporación a la plaza.

d) Ninguna es correcta.

18. Quienes no acrediten, una vez superado el proceso selectivo, que reúnen los requisitos y condiciones exigidos en la convocatoria:

a) No podrán ser nombrados hasta que subsanen el defecto.

b) No podrán ser nombrados, y quedarán sin efecto sus actuaciones.

c) Podrán ser nombrados de forma condicional.

d) Una vez superado el proceso selectivo, se entiende que reúnen los requisitos exigidos, salvo prueba en contrario.

19. No es causa de extinción de la condición de personal estatutario fijo:

a) La renuncia.
b) La jubilación.
c) La sanción disciplinaria firme de separación del servicio.
d) La incapacidad temporal.

20. La incapacidad permanente, cuando sea declarada en sus grados de incapacidad permanente total para la profesión habitual, absoluta para todo trabajo o gran invalidez conforme a las normas reguladoras del Régimen General de la Seguridad Social:

a) Da derecho a la reserva del puesto.
b) Produce la suspensión de la condición de personal estatutario.
c) Produce la pérdida de la condición de personal estatutario.
d) Imposibilita la recuperación de la condición de personal estatutario fijo.

En MADTEST tienes **más preguntas de este tema**, y todos tus avances quedan registrados y se reflejan en el ranking.

¡Supera tus límites con MADTEST!

Solución al test n.º 8

1. a) Al personal estatutario de los servicios de salud.

2. a) Personal sanitario.

3. b) Personal de gestión y servicios.

4. a) Las disposiciones y principios generales sobre función pública de la Administración correspondiente.

5. b) Técnicos superiores y Técnicos.

6. a) Personal de gestión y servicios.

7. b) El que ostenta esta condición en virtud de nombramiento expedido para el ejercicio de una profesión o especialización sanitaria.

8. a) Personal de formación universitaria, personal de formación personal y otro personal.

9. b) Tres años.

10. a) Veinte días de sus retribuciones fijas por año de servicio.

11. d) La negociación colectiva.

12. a) En la medida en que la naturaleza del derecho lo permita.

13. d) La estabilidad en el empleo.

14. d) Disponer de servicios de prevención y de órganos representativos en materia de seguridad laboral.

15. d) Respetar la Constitución, el Estatuto de Autonomía correspondiente y el resto del ordenamiento jurídico.

16. b) Derecho a la libre sindicación.

17. c) Por la superación de la prueba selectiva, nombramiento conferido por el órgano competente e incorporación a la plaza.

18. b) No podrán ser nombrados, y quedarán sin efecto sus actuaciones.

19. d) La incapacidad temporal.

20. c) Produce la pérdida de la condición de personal estatutario.

TEST N.º 9

Prevención de Riesgos Laborales. La Ley 31/1995, de 8 de noviembre, de Prevención de Riesgos Laborales: derechos y obligaciones; consulta y participación de los trabajadores. Prevención de riesgos laborales específicos de la categoría. Especial referencia a la manipulación manual de cargas y al riesgo biológico, medidas de prevención. Ergonomía: métodos de movilización de enfermos e incapacitados

1. Los representantes de los trabajadores con competencia en materia de prevención de riesgos laborales son:

a) Los miembros de la Junta de personal, Junta Facultativo y Junta de Enfermería.
b) Los técnicos de prevención de riesgos laborales.
c) El Servicio de Medicina Preventiva.
d) Los delegados de prevención.

2. Qué se entiende por "riesgo laboral":

a) La posibilidad de que un trabajador sufra un determinado daño derivado del trabajo.
b) La posibilidad de que un trabajador sufra una enfermedad en el trabajo.
c) La posibilidad de que un trabajador sufra acoso.
d) El riesgo que supone el ir a trabajar.

3. ¿Quién debe garantizar a los trabajadores la vigilancia periódica de su estado de salud en función de los riesgos inherentes al trabajo?:

a) La Inspección de Trabajo.
b) El propio trabajador.
c) El empresario.
d) Las secciones sindicales.

4. El derecho básico reconocido a los trabajadores por la Ley 31/1995, de 8 de noviembre, es:

a) La vigilancia de su estado de salud.
b) Una protección eficaz en materia de seguridad y salud en el trabajo.
c) La formación en materia preventiva.
d) La información, consulta y participación.

5. Indica cuál es la definición de prevención:

a) La probabilidad racional de que un riesgo se materialice de forma inminente.
b) El estudio de los procesos potencialmente peligrosos para el trabajo.
c) Conjunto de actividades o medidas adoptadas o previstas en todas las fases de actividad de la empresa con el fin de evitar o disminuir los riesgos derivados del trabajo.
d) Posibilidad de que un trabajador sufra un determinado daño derivado del trabajo.

6. Señale la respuesta incorrecta:

a) La Ley de Prevención de Riesgos Laborales se aplica a los operativos de Seguridad civil en casos de catástrofe.
b) La Ley de Prevención de Riesgos Laborales se aplica a las sociedades cooperativas.
c) En el ámbito de la relación laboral de carácter especial del servicio del hogar familiar, las personas trabajadoras tienen derecho a una protección eficaz en materia de seguridad y salud en el trabajo.
d) En los establecimientos penitenciarios, se adaptarán a la Ley de Prevención de Riesgos Laborales aquellas actividades cuyas características justifiquen una regulación especial.

7. ¿Cuál es la vigente Ley de Prevención de Riesgos Laborales?

a) Ley 32/1995, de 8 de noviembre.
b) Ley 30/1996, de 8 de noviembre.
c) Ley 31/1995, de 6 de noviembre.
d) Ley 31/1995, de 8 de noviembre

8. Entre los principios de la acción preventiva recogidos por el artículo 15 de la Ley de Prevención de Riesgos Laborales, no figura:

a) Evitar los riesgos.
b) Evaluar los riesgos que se puedan evitar.
c) Tener en cuenta la evolución de la técnica.
d) Dar las debidas instrucciones a los trabajadores.

9. ¿Cuántos delegados de prevención se deberán elegir en empresas entre 3001 y 4000 trabajadores?

a) 5.
b) 6.
c) 7.
d) 8.

10. En las empresas de hasta 30 trabajadores el Delegado de Prevención será:

a) El propio empresario.
b) El trabajador más antiguo.
c) El trabajador de mayor cualificación.
d) El delegado de personal.

11. Entre las obligaciones de los trabajadores recogidas por la Ley de Prevención de Riesgos Laborales, no figura:

a) Informar directamente al empresario de cualquier situación que entrañe riesgo para la seguridad o salud de los trabajadores.
b) Contribuir al cumplimiento de las obligaciones establecidas por la autoridad competente con el fin de proteger la seguridad y la salud de los trabajadores en el trabajo.
c) Cooperar con el empresario para que éste pueda garantizar unas condiciones de trabajo que sean seguras y no entrañen riesgos para la seguridad y la salud de los trabajadores.
d) Utilizar correctamente los medios y equipos de protección facilitados por el empresario, de acuerdo con las instrucciones recibidas de éste.

12. El empresario deberá constituir un servicio de prevención propio siempre que se trate de empresas que cuenten con:

a) Más de 500 trabajadores.
b) Menos de 250 trabajadores.
c) Más de 250 trabajadores.
d) Más de 250 y menos de 500 trabajadores.

13. Cuando los trabajadores estén expuestos a un riesgo grave e inminente con ocasión de su trabajo, y el empresario no adopte o no permita la adopción de las medidas necesarias para garantizar la seguridad y la salud de los trabajadores, la Ley 31/1995, de 8 de noviembre, de Prevención de Riesgos Laborales prevé:

a) Los trabajadores afectados podrán paralizar la actividad.
b) El órgano de representación del personal instará formalmente al empresario a la adopción de las medidas necesarias.
c) Los Delegados de Prevención lo comunicarán a la autoridad laboral, que adoptará las medidas necesarias.
d) El órgano de representación de personal podrá acordar la paralización de la actividad.

14. Según establece el art. 4 de la Ley 31/1995, de 8 de noviembre, de Prevención de Riesgos Laborales, se define como daños derivados del trabajo.

a) La posibilidad de que un trabajador sufra un determinado daño derivado del trabajo.
b) El que resulte probable racionalmente que se materialice en un futuro inmediato y pueda suponer y pueda suponer un daño grave para la salud de los trabajadores.
c) Las enfermedades, patologías o lesiones sufridas con motivo u ocasión del trabajo.
d) Cualquier máquina, aparato, instrumento o instalación utilizada en el trabajo.

15. Según recoge el artículo 4 de la Ley 31/1995, quedan específicamente incluidas en la definición de condición de trabajo:

a) Las características particulares de los locales, instalaciones, equipos, productos y demás útiles existentes en el centro de trabajo.
b) La naturaleza de los agentes físicos, químicos y biológicos presentes en el ambiente de trabajo y sus correspondientes intensidades, concentraciones o niveles de presencia.
c) Los procedimientos para la utilización de los agentes citados anteriormente que no influyan en la generación de los riesgos mencionados.
d) Todas aquellas otras características del trabajo, excluidas las relativas a su organización y ordenación, que influyan en la magnitud de los riesgos a que esté expuesto el trabajador.

16. Los instrumentos esenciales para la gestión y aplicación del Plan de prevención de riesgos laborales son

a) La evaluación de riesgos y la planificación de la actividad preventiva.
b) La evaluación inicial de riesgos y la formación.
c) La planificación y la gestión de la actividad preventiva.
d) La identificación y la evaluación de los riesgos.

17. El posible cambio de puesto de trabajo con riesgo para una trabajadora embarazada

a) Deberá realizarse en caso de imposibilidad de adaptación del propio puesto.
b) Se hará previo informe en tal sentido del Servicio de Prevención.
c) Se determinará por el empresario, y dará información a los representantes de los trabajadores.
d) Se extenderá al período de lactancia.

18. La prevención de riesgos laborales deberá integrarse en el sistema general de gestión de la empresa a través de:

a) La política preventiva.
b) El plan de prevención.

c) El consenso de las partes.
d) El poder de decisión del empresario.

19. El objeto y carácter de la norma de la Ley 31/95 de Prevención de Riesgos Laborales dice:

a) La presente Ley tiene por objeto promover la salud de los trabajadores mediante la aplicación de medidas y el desarrollo de las actividades necesarias para la prevención de riesgos derivados del trabajo.
b) La presente Ley tiene por objeto promover la seguridad y la salud de los trabajadores mediante la aplicación de medidas y el desarrollo de las actividades necesarias para la prevención de riesgos derivados del trabajo.
c) La presente Ley tiene por objeto promover la seguridad de los trabajadores mediante la aplicación de medidas y el desarrollo de las actividades necesarias para la prevención de riesgos derivados del trabajo.
d) La presente Ley tiene por objeto promover la seguridad, la salud de los trabajadores y la negociación entre empresa y delegados de prevención, mediante la aplicación de medidas y el desarrollo de las actividades necesarias para la prevención de riesgos derivados del trabajo.

20. ¿Cuándo se deben utilizar los equipos de protección individual?

a) Siempre.
b) Cuando los riesgos no hayan sido evaluados.
c) Cuando los riesgos no se puedan evitar o no puedan limitarse.
d) Cuando el trabajador lo estime oportuno.

En MADTEST tienes **más preguntas de este tema**, y todos tus avances quedan registrados y se reflejan en el ranking.

¡Supera tus límites con MADTEST!

Solución al test n.º 9

1. d) Los delegados de prevención.

2. a) La posibilidad de que un trabajador sufra un determinado daño derivado del trabajo.

3. c) El empresario.

4. b) Una protección eficaz en materia de seguridad y salud en el trabajo.

5. c) Conjunto de actividades o medidas adoptadas o previstas en todas las fases de actividad de la empresa con el fin de evitar o disminuir los riesgos derivados del trabajo.

6. a) La Ley de Prevención de Riesgos Laborales se aplica a los operativos de Seguridad civil en casos de catástrofe.

7. d) Ley 31/1995, de 8 de noviembre

8. b) Evaluar los riesgos que se puedan evitar.

9. c) 7.

10. d) El delegado de personal.

11. a) Informar directamente al empresario de cualquier situación que entrañe riesgo para la seguridad o salud de los trabajadores.

12. a) Más de 500 trabajadores.

13. d) El órgano de representación de personal podrá acordar la paralización de la actividad.

14. c) Las enfermedades, patologías o lesiones sufridas con motivo u ocasión del trabajo.

15. b) La naturaleza de los agentes físicos, químicos y biológicos presentes en el ambiente de trabajo y sus correspondientes intensidades, concentraciones o niveles de presencia.

16. a) La evaluación de riesgos y la planificación de la actividad preventiva.

17. a) Deberá realizarse en caso de imposibilidad de adaptación del propio puesto.

18. b) El plan de prevención.

19. b) La presente Ley tiene por objeto promover la seguridad y la salud de los trabajadores mediante la aplicación de medidas y el desarrollo de las actividades necesarias para la prevención de riesgos derivados del trabajo.

20. c) Cuando los riesgos no se puedan evitar o no puedan limitarse.

PARTE ESPECÍFICA

TEST N.º 10

Funciones del Celador y del Jefe de Personal Subalterno. Funciones de vigilancia. Su relación con los familiares de los enfermos. Funciones de asistencia al personal sanitario facultativo y no facultativo

1. ¿Cuál de las siguientes afirmaciones es correcta sobre el personal subalterno en la sanidad española?

a) El personal subalterno realiza tareas técnicas sin supervisión.

b) El personal subalterno se enmarca en una categoría homogénea.

c) Las funciones del personal subalterno dependen del puesto de trabajo ocupado y se realizan bajo supervisión.

d) En la sanidad española, el personal subalterno no se divide en escalas ni clases.

2. Los celadores/as, en el ejercicio de sus funciones:

a) Darán cuenta a los familiares y visitantes sobre diagnósticos, exploraciones y tratamientos.

b) Desempeñará tareas técnicas sanitarias específicas.

c) Harán los servicios de guardia que correspondan dentro de los turnos que se establezcan.

d) Hará cumplir las órdenes a sus compañeros.

3. Cuando el/la celador/a observe desperfectos o anomalías en la limpieza y conservación del edificio y material, lo deberá comunicar:

a) Al jefe de subalternos.

b) Al jefe de turnos.

c) Al personal de limpieza.

d) Al/a la responsable de planta o unidad donde ocurra el incidente.

4. Según el Estatuto de 1971, ¿cuál de las siguientes opciones describe correctamente las áreas de funciones del celador/a?

a) Las funciones del celador/a se dividen en tres áreas: guardia y vigilancia, cuidado del paciente, y tareas propias específicas.

b) Las funciones del celador/a solo se dividen en dos áreas: guardia y vigilancia, y cuidado del paciente.

c) Las funciones del celador/a se dividen en cuatro áreas: guardia y vigilancia, cuidado del paciente, tareas propias específicas, y administración.

d) Las funciones del celador/a no se dividen en áreas específicas.

5. Según el Estatuto de Personal no sanitario, ¿cuándo deberán los celadores realizar labores de limpieza de manera excepcional?

a) Nunca, no es función propia de un celador.

b) Cuando exista saturación de trabajo en el servicio en el que se encuentre y así se le encomiende.

c) Cuando su realización por el personal femenino no sea idónea o decorosa.

d) Cuando exista escasez de personal.

6. ¿Quién tendrá a su cargo a los enfermos durante el traslado, tanto dentro de la Institución como en el servicio de ambulancias?

a) El TCAE.

b) El/la enfermero/a responsable del paciente.

c) El/la médico/a de la unidad a la que pertenece el paciente.

d) El/la celador/a.

7. ¿En qué casos deberá el/la celador/a ayudar a los/as enfermeros/as y ayudantes de planta al movimiento y traslado de los enfermos/as encamados/as?

a) Siempre, esa es una de sus funciones primordiales.

b) Cuando requieran un trato especial en razón de sus dolencias para hacerles las camas.

c) Siempre que se le ordene desde admisión.

d) Cuando así lo solicite el/la paciente.

8. Una vez que ha terminado una autopsia, el/la celador/a deberá:

a) Limpiar la mesa pero no la sala, cuya limpieza corresponde al personal de limpieza.

b) Auxiliar a los técnicos haciendo uso del instrumental sobre el cadáver si fuera necesario.

c) Limpiar la mesa y la sala de autopsias.

d) Limpiar el cadáver haciendo uso de instrumental

9. ¿Cuándo deberán ayudar los/as celadores/as en la práctica de autopsias?

a) Cuando el Jefe del Servicio no tenga ayudante.

b) Cuando le sea ordenado por la Supervisora de planta.

c) Deberá negarse porque no es función propia de su puesto.

d) Cuando sus funciones no requieran hacer uso de instrumental sobre el cadáver.

10. ¿Quién debe encomendar a los/as celadores/as que bañen a los enfermos masculinos encamados o que no puedan realizarlo por sí mismos?

a) El Jefe de Personal Subalterno.
b) Las Supervisoras de planta o servicio o personas que las sustituyan.
c) El/la enfermero/a de planta.
d) El TCAE.

11. ¿Quién delegará sus funciones en el jefe de personal subalterno?

a) La supervisora de enfermería.
b) El Jefe de Subalternos.
c) El Director de Gestión y Servicios Generales.
d) El Jefe de Personal de Oficio.

12. Es función del Jefe de Personal Subalterno:

a) Vigilar el comportamiento de pacientes y visitantes en la Institución.
b) Vigilar las entradas de la Institución, no permitiendo el acceso a sus dependencias más que a las personas autorizadas para ello.
c) Controlar los paquetes y bultos de que sean portadoras las personas ajenas a la Institución que tengan acceso a la misma.
d) Realizar personalmente la limpieza de la Institución.

13. ¿De quién es la responsabilidad de que el personal de oficio y subalterno cumpla el horario establecido en la Institución y permanezca constantemente en su puesto de trabajo?

a) Del Director de Gestión.
b) Del Vigilante de Seguridad.
c) Del Celador de Puerta.
d) Del Jefe de Personal Subalterno.

14. Que función no corresponde al celador/a:

a) Vela continuamente por conseguir el mayor orden y silencio posible en todas las dependencias de la institución.
b) Baña a los enfermos masculinos cuando no puedan hacerlo por sí mismos.
c) Servir de ascensoristas cuando las necesidades del servicio lo requieran.
d) Vigilar personalmente la limpieza de la Institución.

15. ¿Cómo se llama la unidad asistencial que, bajo la responsabilidad de un médico especialista, está dedicada al diagnóstico y tratamiento de las enfermedades utilizando como soporte técnico fundamentalmente las imágenes y datos funcionales obtenidos por medio de radiaciones ionizantes o no ionizantes y otras fuentes de energía?

a) Extracciones.
b) Medicina Nuclear.
c) Radioterapia.
d) Radiología.

16. ¿Dónde se realizan diariamente las consultas externas extrahospitalarias?

a) En los Centros de Atención Primaria.
b) En los Centros de Especialidades periféricos (CEP).
c) En los Centros de Patologías complejas (CPC).
d) En los Centros de Atención Individualizada.

17. Los celadores encargados del control de entrada y salida:

a) Podrán comprobar, cuando así se les encomiende, el contenido de los bultos o paquetes sospechosos que el personal o los usuarios del Servicio entren o saquen de los locales.
b) No podrán comprobar el contenido de los bultos o paquetes sospechosos que el personal o los usuarios del Servicio entren o saquen de los locales y será su superior inmediato quien lo haga.
c) No podrán comprobar el contenido de los bultos o paquetes sospechosos que el personal o los usuarios del Servicio entren o saquen de los locales y será el personal de Seguridad quien lo haga.
d) Avisará al Jefe de Personal Subalterno para que los dos comprueben el contenido de los bultos o paquetes sospechosos.

18. En caso de que alguna persona de la Institución le pida al celador dejar abierta alguna de las puertas de acceso:

a) Lo hará puesto que está dentro de sus competencias la labor de vigilancia.
b) No podrá permitirlo puesto que no es competencia de un celador.
c) Deberá ponerlo en conocimiento del Jefe de Personal Subalterno.
d) La persona que solicite la apertura deberá obtener una autorización previa del Jefe de Personal Subalterno y entregarla al celador para que pueda acceder a dicha petición.

19. En relación con la tarjeta de identificación no es cierto que:

a) Sea personal e intransferible.
b) Deberá incluir el puesto de trabajo.
c) En ella deberá constar el DNI.
d) En función del Departamento u Organismo, se deberá incluir la fotografía o en algunos casos valdrá con el nombre y apellidos.

20. ¿Cuál es la capacidad humana de sentir con el otro, de identificarse con él y de ponerse en el lugar del otro?

a) Asertividad.
b) Comprensión.
c) Empatía.
d) Confianza.

En MADTEST tienes **más preguntas de este tema,** y todos tus avances quedan registrados y se reflejan en el ranking.

¡Supera tus límites con MADTEST!

Solución al test n.º 10

1. c) Las funciones del personal subalterno dependen del puesto de trabajo ocupado y se realizan bajo supervisión.

2. c) Harán los servicios de guardia que correspondan dentro de los turnos que se establezcan.

3. a) Al jefe de subalternos.

4. a) Las funciones del celador/a se dividen en tres áreas: guardia y vigilancia, cuidado del paciente, y tareas propias específicas.

5. c) Cuando su realización por el personal femenino no sea idónea o decorosa.

6. d) El/la celador/a.

7. b) Cuando requieran un trato especial en razón de sus dolencias para hacerles las camas.

8. c) Limpiar la mesa y la sala de autopsias.

9. d) Cuando sus funciones no requieran hacer uso de instrumental sobre el cadáver.

10. b) Las Supervisoras de planta o servicio o personas que las sustituyan.

11. c) El Director de Gestión y Servicios Generales.

12. c) Controlar los paquetes y bultos de que sean portadoras las personas ajenas a la Institución que tengan acceso a la misma.

13. d) Del Jefe de Personal Subalterno.

14. d) Vigilará personalmente la limpieza de la Institución.

15. d) Radiología.

16. b) En los Centros de Especialidades periféricos (CEP).

17. a) Podrán comprobar, cuando así se les encomiende, el contenido de los bultos o paquetes sospechosos que el personal o los usuarios del Servicio entren o saquen de los locales.

18. c) Deberá ponerlo en conocimiento del Jefe de Personal Subalterno.

19. d) En función del Departamento u Organismo, se deberá incluir la fotografía o en algunos casos valdrá con el nombre y apellidos.

20. c) Empatía.

TEST N.º 11

Unidades de competencia previstas en el Real Decreto 1790/2011, de 16 de diciembre: El celador en las Unidades de Hospitalización, en el Bloque Quirúrgico, en Cuidados Intensivos, en Urgencias, en Unidades Psiquiátricas

1. ¿A qué familia profesional pertenecen las cualificaciones recogidas en el Real Decreto 1790/2011?

a) Servicios socioculturales y a la comunidad.
b) Seguridad y medio ambiente.
c) Sanidad.
d) Administración y gestión.

2. ¿Cómo se denomina la zona del bloque quirúrgico donde se requiere de uniforme quirúrgico, calzas o zuecos quirúrgicos, gorro, y uso de mascarilla obligatorio?

a) Zona sin limitación de acceso.
b) Zona semilimitada.
c) Zona limitada.
d) Zona prohibida.

3. El antequirófano pertenece a la zona quirúrgica:

a) Sin limitación de acceso.
b) Semilimitada.
c) Limitada.
d) Prohibida.

4. La zona gris se corresponde con:

a) La zona estéril.
b) La zona sucia.
c) La zona libre.
d) La zona limpia.

5. La humedad del ambiente (en %) de un quirófano debe mantenerse entre:

a) 10-20 %.
b) 30-40 %.
c) 50-60 %.
d) 80-90 %.

6. En una habitación de hospital habrá tantas unidades de pacientes como:

a) Pacientes haya en el hospital (incluido consultas externas).
b) Número de camas.
c) Pacientes haya en el hospital dividido por factor de corrección constante.
d) Número de camas multiplicado por factor de corrección constante.

7. ¿Qué útil o herramienta no debe poseer la unidad del paciente tipo?

a) Lencería de cama y accesorios.
b) Lámpara de luz directa.
c) Timbre de alarma.
d) Toma de oxígeno.

8. ¿De qué color deben ser pintados las paredes den una habilitación de un hospital?

a) Negro u oscuro.
b) Marrón claro o amarillo.
c) Blanco mate.
d) Ninguno de los anteriores.

9. Todas las características mínimas que debe reunir la habitación del enfermo que se exponen son ciertas, excepto:

a) Espacio suficiente.
b) Debe recibir luz directa del sol, a ser posible y de fácil ventilación.
c) Temperatura por encima de la media habitual (superior a 30 grados).
d) Tranquila y a poder ser sin ruidos.

10. La altura de los techos mínima (en cm) de la habitación del paciente debe ser:

a) 220 cm.
b) 250 cm.
c) 270 cm.
d) 285 cm.

11. El servicio hospitalario que tiene como misión la recepción, observación y tratamiento por personal altamente especializado y está dotado de material idóneo de pacientes en estado crítico es:

a) El Servicio de urgencias.
b) UCI/UVI.
c) La Unidad de cuidados paliativos.
d) La Unidad de medicina intensiva.

12. Dentro de la UCI, ¿cómo se llaman las unidades especializadas identificadas según las patologías que presentan los pacientes?

a) Unidad de Cuidados Intensivos.
b) Unidades Especializadas de Vigilancia.
c) Boxes.
d) Cubes.

13. En relación con la UCI/UVI, señala la respuesta correcta:

a) Se encuentra cerca del área de ingresos.
b) Comparte el control de enfermería con el resto de unidades de la planta.
c) Las asistencias de higiene, alimentación, visitas de familiares, etc., se realizan en otra ubicación distinta.
d) Posee servicio propio y exclusivo de la mayoría de las especialidades médicas (laboratorio, almacén de farmacia, radiología, esterilización, etc.).

14. Los celadores destinados a la UCI/UVI deben estar muy bien preparados en:

a) Vigilancia y seguridad.
b) Movilización y cambios posturales.
c) Áreas quirúrgicas.
d) Higiene y salud.

15. Señala la respuesta incorrecta. Los celadores destinados en la UCI deben estar pendientes a colaborar en todo lo que les ordene/n, dentro de sus funciones:

a) La supervisora de la UCI.
b) Los médicos.
c) Los enfermeros.
d) El técnico de laboratorio de análisis clínico.

16. Los dispositivos de urgencias sanitarias garantizan a los usuarios del Sistema Sanitario Público una atención continuada, y para ello:

a) Tratan todo tipo de procesos.
b) Traslada a todos los pacientes al ambulatorio más cercano para su tratamiento.

c) Garantizan a los usuarios una atención sanitaria durante las 24 horas del día.
d) No tienen en cuenta la gravedad del paciente para su asistencia.

17. De las siguientes afirmaciones, ¿cuál de ellas expresa alguna característica propia del término «emergencia»?

a) Es un tipo agravado de urgencia en la que existe un peligro inmediato, real o potencial, para la vida del paciente.
b) Existe peligro de secuelas para el paciente.
c) Suceso que provoca en el organismo una lesión y es de forma fortuita.
d) Suceso que altera el orden normal de las cosas y provoca una gran necesidad de asistencia sanitaria.

18. Se considera «emergencia» a aquella situación que:

a) Supone una pérdida de calidad de vida para la persona y debe ser atendida de forma preferente.
b) Es percibida como tal por el usuario.
c) Supone una amenaza inmediata para la vida o salud de la persona.
d) Es definida como tal por Atención Primaria.

19. De los siguientes uno No es un Servicio de Urgencias y Emergencias Sanitarias; señálalo:

a) SAMU.
b) 091.
c) 112.
d) SOS emergencias.

20. Las Unidades de Urgencias de los Hospitales Generales y Especialidades prestan asistencia:

a) Ambulatoria.
b) Domiciliaria.
c) Especializada.
d) Básica.

21. El estilo Utstein en el soporte vital básico es:

a) Un acuerdo a nivel mundial para consensuar definiciones relacionadas con la RCP.
b) La principal asociación de indicaciones en RCP a nivel europeo.
c) La secuencia de actuación correcta ante una emergencia clínica.
d) Todas son ciertas.

22. El primer eslabón de la cadena de supervivencia es:

a) RCP básica.
b) Desfibrilación precoz.
c) Activación de los servicios de emergencia.
d) Soporte vital avanzado.

23. La causa más frecuente de parada cardiorrespiratoria en adultos es:

a) Torsades de pointes.
b) FV.
c) FA.
d) Enfermedad terminal.

24. ¿Cuál de las siguientes afirmaciones sobre la valoración de la conciencia es falsa?

a) Es la primera valoración que se realiza en una situación de emergencia.
b) Se realiza mediante una valoración sensitiva y auditiva.
c) Si la víctima responde consideraremos que está consciente.
d) Si la víctima responde de forma anormal o confusa consideraremos que está inconsciente.

25. Para despejar la vía aérea usaremos la técnica de:

a) Maniobra frente mentón o tracción mandibular.
b) VOS.
c) Insuflaciones.
d) Dedo en gancho.

26. Entendemos por psiquiatría:

a) Una rama de la medicina.
b) La parte de la medicina que tiene por objeto el estudio y prevención de las enfermedades mentales.
c) Una parte de la medicina que tiene por objeto el diagnóstico y tratamiento de las enfermedades mentales.
d) Todas son ciertas.

27. En las unidades de hospitalización psiquiátrica no se dedican a:

a) Desintoxicación.
b) Evaluación y progreso diagnóstico.
c) Reinserción social.
d) Fracaso de tratamientos ambulatorios.

28. La finalidad de los centros día en salud mental es:

a) La recuperación de habilidades para integrarse en la sociedad.
b) La desintoxicación de drogas de abuso.
c) La integración y terapia familiar.
d) Todas son ciertas.

29. El trastorno depresivo mayor en salud mental se caracteriza por:

a) Preocupación, autocrítica y pensamientos de autodevaluación.
b) La falta de energía, sobre todo en hombres.
c) Está caracterizado por uno o más episodios depresivos mayores.
d) Episodios de delirios, alucinaciones y TCA.

30. El lenguaje demasiado bajo se denomina:

a) Musitación.
b) Coprolalia.
c) Dislalia.
d) Logorrea.

En MADTEST tienes **más preguntas de este tema**, y todos tus avances quedan registrados y se reflejan en el ranking.

¡Supera tus límites con MADTEST!

Solución al test n.º 11

1. c) Sanidad.

2. c) Zona limitada.

3. c) Limitada.

4. d) La zona limpia.

5. c) 50-60 %.

6. b) Número de camas.

7. b) Lámpara de luz directa.

8. c) Blanco mate.

9. c) Temperatura por encima de la media habitual (superior a 30 grados).

10. b) 250.

11. b) UCI/UVI.

12. c) Boxes.

13. d) Posee servicio propio y exclusivo de la mayoría de las especialidades médicas (laboratorio, almacén de farmacia, radiología, esterilización, etc.).

14. b) Movilización y cambios posturales.

15. d) El técnico de laboratorio de análisis clínico.

16. c) Garantizan a los usuarios una atención sanitaria durante las 24 horas del día.

17. a) Es un tipo agravado de urgencia en la que existe un peligro inmediato, real o potencial, para la vida del paciente.

18. c) Supone una amenaza inmediata para la vida o salud de la persona.

19. b) 091.

20. c) Especializada.

21. a) Un acuerdo a nivel mundial para consensuar definiciones relacionadas con la RCP.

22. c) Activación de los servicios de emergencia.

23. b) FV.

24. d) Si la víctima responde de forma anormal o confusa consideraremos que está inconsciente.

25. a) Maniobra frente mentón o tracción mandibular.

26. d) Todas son ciertas.

27. c) Reinserción social.

28. a) La recuperación de habilidades para integrarse en la sociedad.

29. c) Está caracterizado por uno o más episodios depresivos mayores.

30. a) Musitación.

El celador en su puesto de trabajo, funciones y relación con el paciente y usuarios: El celador en Atención Primaria, en el área de consultas externas y Servicios Centrales

1. Señala la respuesta incorrecta con respecto a la atención primaria:

a) La Atención Primaria de Salud constituye el primer nivel de acceso ordinario de la población al Sistema Sanitario.

b) Será prestada en cada zona básica de salud por los profesionales que desarrollan su actividad en la misma y que constituyen los equipos de atención especializada.

c) Se caracteriza por prestar atención integral a la salud.

d) Uno de los objetivos de la atención primaria de salud es la vigilancia epidemiológica.

2. ¿Cuál es el área donde mayor número de pacientes son atendidos, y el ámbito en el cual la sociedad percibe con mayor cercanía la calidad de la atención médica que se le presta?

a) La atención primaria.

b) La atención ambulatoria.

c) La atención especializada.

d) Las consultas externas hospitalarias.

3. ¿Cómo se llama el soporte que recoge todas las prestaciones que de forma programada se desarrollan en consultas externas, facilitando información periódica sobre la demanda y demora existente en los diversos servicios asistenciales?

a) Cita.

b) Agenda.

c) Cartera.

d) Especialidad.

4. ¿Cómo se llama la unidad asistencial que, bajo la responsabilidad de un médico especialista, está dedicada al diagnóstico y tratamiento de las enfermedades utilizando como soporte técnico fundamentalmente las imágenes y datos funcionales obtenidos por medio de radiaciones ionizantes o no ionizantes y otras fuentes de energía?

a) Extracciones.
b) Medicina Nuclear.
c) Medicina Interna.
d) Radiología.

5. No es un servicio asistencial al que se accede a través de derivaciones de Atención Primaria:

a) Logopedia.
b) Psicología.
c) Pedagogía.
d) Neurofisiología.

6. ¿Qué personal tendrá como misión ayudar al personal de enfermería en sus cometidos respecto a aquellos enfermos susceptibles de hospitalización?

a) Los/las celadores.
b) El personal auxiliar en cuidados de enfermería.
c) El jefe de personal subalterno.
d) Los auxiliares técnicos titulados.

7. Queda totalmente prohibido a los auxiliares en cuidados de enfermería:

a) Realizar funciones de la competencia del personal auxiliar en cuidados de enfermería.
b) Ayudar al personal de enfermería en sus cometidos.
c) Realizar todas aquellas actividades que, sin tener un carácter profesional sanitario, vienen a facilitar las funciones del médico y la enfermera.
d) Ayudar directamente al médico en las consultas externas.

8. ¿Quién debe poner en conocimiento de sus superiores cualquier anomalía o deficiencia que observe en el desarrollo de la asistencia o en la dotación del servicio encomendado?

a) El personal de enfermería de consultas externas.
b) El/la celador.
c) El jefe del personal subalterno.
d) El médico responsable.

9. Señala, de las siguientes, cuál no sería una función propia del celador/a en Consultas Externas:

a) Control de los accesos al servicio de consultas.

b) Colaborar con el personal de ambulancias de traslado en la movilización de pacientes impedidos.

c) Trasladar los resultados de una prueba diagnóstica.

d) Vigilar la conservación y el buen estado del material sanitario, instrumental y, en general, de cuantos aparatos clínicos se utilicen en la Institución, manteniéndolos limpios, ordenados y en condiciones de perfecta utilización.

10. ¿Dónde se realizan diariamente las consultas externas extrahospitalarias?

a) En los Centros de Atención Primaria.

b) En los Centros de Especialidades periféricos (CEP).

c) En los Centros de Patologías complejas (CPC).

d) En los Centros de Atención Individualizada.

11. ¿Qué son los servicios centrales en un hospital?

a) Los servicios encargados de la asistencia directa al paciente en las plantas de hospitalización.

b) Los servicios administrativos que gestionan la documentación clínica.

c) Los servicios que dan apoyo técnico, diagnóstico y terapéutico al resto de unidades.

d) Los servicios externos de proveedores sanitarios.

12. ¿Cuál de los siguientes pertenece a los servicios centrales?

a) Medicina interna.

b) Laboratorio de análisis clínicos.

c) Pediatría.

d) Cirugía general.

13. El servicio de radiodiagnóstico se incluye dentro de:

a) Servicios generales.

b) Servicios de hospitalización.

c) Servicios centrales.

d) Servicios de urgencias.

14. ¿Qué característica define a los servicios centrales?

a) Atienden únicamente pacientes externos.

b) Se ocupan de la limpieza, cocina y mantenimiento.

c) Proporcionan soporte a todas las unidades clínicas y quirúrgicas.

d) Sustituyen la función de los servicios médicos principales.

15. Entre los siguientes, ¿cuál NO forma parte de los servicios centrales?

a) Farmacia hospitalaria.

b) Anatomía patológica.

c) Medicina intensiva.

d) Microbiología.

En MADTEST tienes **más preguntas de este tema**, y todos tus avances quedan registrados y se reflejan en el ranking.

¡Supera tus límites con MADTEST!

Solución al test n.º 12

1. b) Será prestada en cada zona básica de salud por los profesionales que desarrollan su actividad en la misma y que constituyen los equipos de atención especializada.

2. d) Las consultas externas hospitalarias.

3. b) Agenda.

4. d) Radiología.

5. c) Pedagogía.

6. b) El personal auxiliar en cuidados de enfermería.

7. d) Ayudar directamente al médico en las consultas externas.

8. a) El personal de enfermería de consultas externas.

9. d) Vigilar la conservación y el buen estado del material sanitario, instrumental y, en general, de cuantos aparatos clínicos se utilicen en la Institución, manteniéndolos limpios, ordenados y en condiciones de perfecta utilización.

10. b) En los Centros de Especialidades periféricos (CEP).

11. c) Los servicios que dan apoyo técnico, diagnóstico y terapéutico al resto de unidades.

12. b) Laboratorio de análisis clínicos.

13. c) Servicios centrales.

14. c) Proporcionan soporte a todas las unidades clínicas y quirúrgicas.

15. c) Medicina intensiva.

TEST N.º 13

El trabajo en equipo. El celador como integrante de los equipos de trabajo del Sistema Sanitario. Habilidades sociales y comunicación. La comunicación como herramienta de trabajo. Estilos de comunicación. Posiciones anatómicas básicas

1. Los ejes longitudinal y sagital forman el plano:

a) Frontal.
b) Transversal.
c) Horizontal.
d) Sagital.

2. ¿Dónde se localiza la cavidad pélvica?

a) En la cavidad torácica.
b) En la cavidad pleural.
c) En la cavidad peritoneal.
d) En la cavidad abdominal.

3. El movimiento de la imagen se denomina:

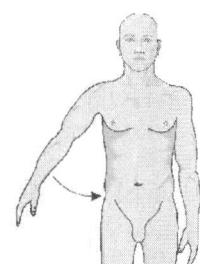

a) Abducción.
b) Aducción.
c) Flexión.
d) Rotación.

4. ¿Qué material de estos no es necesario para realizar los cambios posturales del paciente?

a) Almohadas, cojines y ropa limpia.
b) Férulas y a veces protectores de protuberancia.

c) Jabón y antisépticos.
d) Son todos necesarios.

5. Los cambios posturales del enfermo encamado para prevenir la aparición de úlceras se efectuarán cada:

a) 2-3 horas.
b) 4-5 horas.
c) 6-8 horas.
d) 12 horas.

6. Señala cuál de las siguientes tareas deben desempeñar los celadores en los Centros sanitarios:

a) Amortajar a pacientes fallecidos.
b) Realizar las placas radiográficas.
c) Sujetar a los pacientes a los que se les va a realizar lavados gástricos o suturas.
d) Reducir a los pacientes psiquiátricos agitados.

7. Para que pueda denominarse a un número de personas, un grupo, es preciso que concurran una serie de elementos o circunstancias. Señala la respuesta incorrecta:

a) Tener personalidad propia, distinta a la de sus miembros.
b) Perfecta integración de todos sus miembros de modo que estén atemperados los caracteres de los mismos.
c) Decisión voluntaria y consciente por parte de los que lo forman.
d) Consecución de los fines individuales de los integrantes del grupo.

8. La dinámica o funcionamiento de un grupo de trabajo desde el punto de vista subjetivo incluye factores tales como:

a) Determinación del fin a obtener de modo transparente y conocido para todos sus miembros.
b) Decisión por el superior, quien tiene en cuenta las sugerencias de todos los miembros.
c) Capacidad y eficacia en la ejecución del trabajo.
d) Ejecución a través de las funciones de cada miembro.

9. ¿Cómo se denomina al conjunto de personas que desarrolla su labor en un espacio o institución sanitaria, donde cada uno realiza su trabajo, responde individualmente del mismo y no depende directamente del trabajo de sus compañeros?

a) Equipo.
b) Organización.
c) Organigrama.
d) Grupo.

10. Señala cuál de las siguientes características es imprescindible para que exista un equipo de trabajo:

a) Jerarquía.
b) Responsabilidad individual ante el trabajo.
c) Personas relacionadas entre sí.
d) Categorías laborales desiguales.

11. La acción encaminada a impulsar el comportamiento de otras personas en una determinada dirección, que se estime conveniente, se llama:

a) Aprendizaje.
b) Compromiso.
c) Cohesión.
d) Motivación-Incentivación.

12. Para que un equipo pueda ser eficiente debe cumplir algunas características. Señala la respuesta incorrecta:

a) Complementariedad.
b) Coordinación.
c) Cohesión.
d) Alto perfil jerárquico.

13. Indica cuál de los siguientes factores no tiene por qué ser determinante a la hora de constituir un equipo y facilitar la consecución de los objetivos:

a) Número de participantes.
b) Participación y consenso.
c) Cualificación.
d) Autoevaluación.

14. Los equipos más eficaces son aquellos que son capaces de realizar:

a) Un reparto de roles y responsabilidades de manera automática.
b) Una participación desequilibrada pero consensuada.
c) Su propia autocrítica.
d) Objetivos menores con reglas establecidas.

15. Se hace necesario constituir un equipo de trabajo multidisciplinar cuando:

a) El trabajo es tedioso.
b) Las actividades a realizar presentan un nivel alto de complejidad.
c) Las actividades admiten pocas variables.
d) Se trabaja en una sola especialidad profesional.

16. El concepto de servicio para el público está relacionado con una serie de factores; señala cuál de los siguientes no es un factor relacionado:

a) Los elementos tangibles que tienen que ver con la apariencia de las instalaciones y el equipo.
b) El cumplimiento del desarrollo de servicio, de forma correcta y oportuna.
c) Un buen equilibrio emocional.
d) La competencia de los profesionales.

17. ¿Cómo definirías el término intencionalidad tan necesario en la relación interpersonal?

a) Es la idea inicial a partir de la cual se analizará y evaluará la situación, para emitir un juicio sobre lo que nos afecta y así plantear conductas y organizar acciones de acuerdo con la información que se posee.
b) Es la determinación de la voluntad en orden a conseguir un fin u objetivo.
c) Es el hacer consciente que se expresa en objetivos.
d) Es el estado afectivo del ánimo que se produce por causas que lo impresionan vivamente y según el cual se tomarán las decisiones.

18. Ante un usuario agresivo la mejor actitud será:

a) Dar información precisa y correcta sin dejar que se exprese.
b) Intentar calmarlo, escuchar y transmitir compresión.
c) Preocuparse por él, pero no decidir por él.
d) Dar argumentos aclaratorios y tomar la decisión por él.

19. Señala cuál no debe ser una actuación de el/la celador/a frente al profesional:

a) Actuar con naturalidad.
b) Mantener al usuario en suspense.
c) Ser sincero.
d) Emplear el nombre y apellido del usuario.

20. Señala cuál de las siguientes no es una función de la comunicación:

a) Es el medio por el cual se transmite un mensaje.
b) Proporciona la información que los individuos y grupos necesitan para tomar decisiones y evaluar opiniones alternativas.
c) Fomenta la motivación entre las personas.
d) Permite la integración social.

En MADTEST tienes **más preguntas de este tema**, y todos tus avances quedan registrados y se reflejan en el ranking.

¡Supera tus límites con MADTEST!

Solución al test n.º 13

1. d) Sagital.

2. d) En la cavidad abdominal.

3. b) Adducción.

4. c) Jabón y antisépticos.

5. a) 2-3 horas.

6. c) Sujetar a los pacientes a los que se les va a realizar lavados gástricos o suturas.

7. d) Consecución de los fines individuales de los integrantes del grupo.

8. c) Capacidad y eficacia en la ejecución del trabajo.

9. d) Grupo.

10. c) Personas relacionadas entre sí.

11. d) Motivación-Incentivación.

12. d) Alto perfil jerárquico.

13. c) Cualificación.

14. c) Su propia autocrítica.

15. b) Las actividades a realizar presentan un nivel alto de complejidad.

16. c) Un buen equilibrio emocional.

17. b) Es la determinación de la voluntad en orden a conseguir un fin u objetivo.

18. b) Intentar calmarlo, escuchándole, y transmitir compresión.

19. b) Mantener al usuario en suspense.

20. a) Es el medio por el cual se transmite un mensaje.

TEST N.º 14

Unidades de competencia previstas en el Real Decreto 1790/2011, de 16 de diciembre: El celador en la recepción y almacenamiento de mercancía. Organización del almacén y distribución de pedidos. El celador en Farmacia, Mortuorio y sala de autopsias y en el resto de puestos de trabajo

1. ¿De quién depende el Servicio de Farmacia que existe en la mayoría de los Hospitales?

a) De la Gerencia.
b) De la Dirección Médica.
c) De la Dirección de Gestión y Servicios Generales.
d) De la División de Enfermería.

2. ¿Cómo se denomina a toda materia, cualquiera que sea su origen a la que se atribuye una actividad apropiada para constituir un medicamento?

a) Excipiente.
b) Principio activo.
c) Fórmula magistral.
d) Premezcla.

3. ¿Qué nombre recibe la disposición a que se adaptan los principios activos y excipientes para constituir un medicamento?

a) Forma magistral.
b) Forma excepcional.
c) Forma copérnica.
d) Forma farmacéutica.

4. Señala cuál de las siguientes no es una de las características mínimas que ha de reunir la zona estéril del Área de citostáticos:

a) Ha de contar con una campana de flujo laminar vertical.
b) Debe disponer de una habitación separada con presión positiva.
c) No ha de tener recirculación de aire ni aire acondicionado ambiental.
d) Debe contar con un área o zona aislada físicamente del resto del servicio en la que no se realicen otras operaciones.

5. ¿Qué tipo de inventario requiere un recuento sistemático de las existencias durante todo el ejercicio con el fin de determinar el número de veces que se consume y se repone la mercancía a lo largo del año?

a) El inventario tradicional.
b) El inventario cíclico.
c) El inventario rotativo.
d) El inventario periódico o estacional.

6. No es una de las funciones propias de un celador en el Almacén General del Hospital:

a) Dispensar el material que le sea solicitado mediante un vale firmado debidamente por el solicitante.
b) Recepcionar el suministro mediante cotejo del albarán de entrega.
c) Informar al responsable del Almacén de las entradas diarias de material.
d) Vigilar las entradas y salidas del almacén.

7. ¿Qué tipo de clasificación ordena los artículos en clases «A», «B» y «C»?

a) Ley 70-30.
b) La clasificación ADR.
c) El método LIFO.
d) La clasificación de Pareto.

8. ¿Cuál es el primer paso en el proceso de adquisición de los suministros?

a) La planificación de adquisiciones.
b) La petición de material.
c) La previsión de aprovisionamientos.
d) El procedimiento administrativo de contratación.

9. ¿Cuál, seguramente, es la labor más importante de todo el sistema de suministro, ya que el buen o mal funcionamiento de la misma significará o no la disponibilidad de un stock físico fiable y de los controles que lo garanticen?

a) La recepción/revisión de mercancías-
b) El reaprovisionamiento.
c) La gestión de stock.
d) El mapa de almacén.

10. ¿Cómo se denomina la actividad de salud pública que tiene por objetivo la identificación, cuantificación, evaluación y prevención de los riesgos del uso de los medicamentos una vez comercializados, permitiendo así el seguimiento de los posibles efectos adversos de los medicamentos:

a) Farmacovigilancia.
b) Farmacontrol.

c) Farmacoterapia.
d) Farmacosupervisión.

11. Es una función exclusiva del celador con los pacientes fallecidos:

a) El traslado de los cadáveres al mortuorio.
b) El amortajamiento.
c) El aseo del paciente.
d) Todas son funciones exclusivas del celador.

12. Los ojos y la boca del cadáver:

a) Deben ser cerrados.
b) Deben dejarse como están.
c) Debe permanecer abiertos.
d) Deben sellarse con sutura.

13. Si el paciente va a estar unos días en el depósito de cadáveres se aconseja una temperatura de:

a) 4 ºC.
b) 10 ºC.
c) 0 ºC.
d) 21 ºC.

14. La superficie de las áreas de disección en la actualidad es de:

a) Cerámica.
b) Acero inoxidable.
c) Porcelana.
d) Cualquiera de los anteriores.

15. La intervención que se realiza en un cadáver para examinar sus órganos se denomina:

a) Necropsia.
b) *Exitus*.
c) Embalsamamiento.
d) Tanatopraxia.

16. En el aseo del paciente en cama:

a) Se desnuda completamente al paciente.
b) Se lavan las zonas varias veces.

c) Se lava por zonas una sola vez.
d) Se enjabona y aclara el cuerpo todo de una vez.

17. ¿Qué cuestión no se pretende con un correcto aseo del paciente?

a) Conservar el buen estado de la piel, eliminando la suciedad, el mal olor y el sudor.
b) Cubrir parte de las necesidades de seguridad del paciente al prevenir la aparición de infecciones.
c) Refrescar al paciente, para que sienta sensación de confort y bienestar.
d) Evitar la necesidad de aseo en los genitales varias veces al día, debido a su efecto yatrogénico.

18. ¿Qué material de estos incluirías dentro de los elementos de protección respecto a la higiene de la piel?

a) Ropa del enfermo.
b) Sábana pequeña.
c) Palangana.
d) Cuña.

19. El lavado de cabellos del paciente debe realizarse aproximadamente:

a) Todos los días.
b) Cada tres días.
c) Una vez a la semana.
d) Depende de la suciedad que este tenga.

20. El orinal plano es un material o elemento de:

a) Evacuación.
b) Protección.
c) Lavado.
d) Recambio.

En MADTEST tienes **más preguntas de este tema**, y todos tus avances quedan registrados y se reflejan en el ranking.

¡Supera tus límites con MADTEST!

Solución al test n.º 14

1. b) De la Dirección Médica.

2. b) Principio activo.

3. d) Forma farmacéutica.

4. b) Debe disponer de una habitación separada con presión positiva.

5. c) El inventario rotativo.

6. a) Dispensar el material que le sea solicitado mediante un vale firmado debidamente por el solicitante.

7. d) La clasificación de Pareto.

8. c) La previsión de aprovisionamientos.

9. c) La gestión de stock.

10. a) Farmacovigilancia.

11. a) El traslado de los cadáveres al mortuorio.

12. a) Deben ser cerrados.

13. a) 4 ºC.

14. b) Acero inoxidable.

15. a) Necropsia.

16. c) Se lava por zonas una sola vez.

17. d) Evitar la necesidad de aseo en los genitales varias veces al día, debido a su efecto yatrogénico.

18. b) Sábana pequeña.

19. c) Una vez a la semana.

20. a) Evacuación.

TEST N.º 15

Unidades de competencia previstas en el Real Decreto 1790/2011, de 16 de diciembre: Movilización y traslado de pacientes. Técnicas de movilización. Traslado del paciente encamado, en camilla y en silla de ruedas

1. Cuando la movilización la realiza el propio paciente con la supervisión (sin ayuda física) del profesional sanitario, se dice que es:

a) Activa.
b) Activa auxiliada.
c) Pasiva supervisada.
d) Pasiva.

2. Las movilizaciones realizadas por el fisioterapeuta sobre los distintos segmentos corporales del paciente se denominan:

a) Inmovilizadas.
b) Activas contrarresistencia.
c) Pasivas.
d) Activas con resistencia.

3. ¿Qué consecuencia sobre la función respiratoria es cierta por el inmovilismo?

a) Aumento en los requerimientos de oxígeno.
b) Aumenta la capacidad respiratoria.
c) Se tiende instintivamente a respirar de forma más rápida y superficial.
d) Hay una estasis de secreciones, que puede acumularse y favorecer el medio para el crecimiento bacteriano.

4. Las úlceras por presión se evitan:

a) Con una sistemática de cambios posturales frecuentes.
b) La necesidad de una aplicación adecuada de buenas posiciones no es prioritaria.
c) Tomando todos los días la medicación recomendada.
d) Son ciertas las respuestas a) y c).

5. ¿Qué maniobra es la primera que hay que hacer si queremos transferir un enfermo de la cama a un sillón?

a) Colocar el sillón paralelo a la cama y a la altura de los pies.
b) Colocar al paciente en la orilla de la cama.
c) Sentar al paciente en la cama con las piernas por fuera.
d) Colocar el sillón paralelo al familiar del paciente.

6. ¿Cómo se denominan los pacientes que sufren parálisis de las extremidades inferiores y superiores?

a) Hemipléjicos.
b) Hemiparésicos.
c) Tetrapléjicos.
d) Paraparésicos.

7. La movilización del paciente de una zona a otra dentro del Hospital se denomina:

a) Movilización del paciente/usuario.
b) Traslado intrahospitalario.
c) Transporte.
d) Ninguno de los anteriores es cierto.

8. ¿Cuándo está indicado el uso de bastones en los enfermos?

a) Cuando estos pacientes sufren hemiplejia derecha que permite la marcha.
b) Cuando estos pacientes sufren tetraplejia.
c) Cuando estos pacientes sufren fractura bilateral de caderas.
d) Cuando estos pacientes tienen luxaciones de ambas rótulas.

9. ¿Qué indicaciones son las más frecuentes de las muletas de aluminio?

a) Esguinces.
b) Enfermos tetrapléjicos.
c) Enfermos parapléjicos.
d) Son ciertas las respuestas b) y c).

10. ¿Cuál de estas ayudas es autoestable?

a) Pasamanos.
b) Barras paralelas.
c) Bastones multipodales.
d) Ninguna de las anteriores.

11. ¿Cómo se denominan los dispositivos metálicos que por medio de una bomba hidráulica y de determinados complementos, permiten la elevación, transporte y acomodamiento de personas en diferentes lugares (cama, baño, etc.)?

a) Rueda de hombros.
b) Grúas.
c) Bipedestadores.
d) Jaula de Böhler.

12. Su utilización más común es la de fortalecimiento de cuádriceps:

a) Banco de Colson.
b) Mesa de Kanavel.
c) Discos de Böhler.
d) Tablero actividades de la vida diaria.

13. ¿Cuál de las siguientes tareas pueden realizar los distintos tipos de bipedestadores?

a) Ayudar al paciente a posicionarse y permanecer en bipedestación.
b) Trasladar de forma cómoda y segura a un paciente hasta una silla/sillón o silla de ruedas, para posteriormente posicionarlo correctamente.
c) Trasladar a un paciente hasta el baño, para transferirlo al WC.
d) Todas las opciones son correctas.

14. ¿Cuál de los siguientes modelos de grúas activas ofrece un medio de transporte alternativo a la silla de ruedas y fomenta la participación del paciente en las transferencias?

a) Modelo Stedy.
b) Grúa eléctrica para ejercicios de bipedestación.
c) Grúa activa con arneses específicos.
d) Grúa activa para traslado seguro al baño.

15. ¿Para qué se utilizan principalmente las grúas pasivas?

a) Elevar objetos pesados.
b) Ayudar al paciente a ponerse de pie.
c) Transportar pacientes en sillas de ruedas.
d) Realizar ejercicios de movilidad en pacientes.

16. ¿Qué característica común suelen tener las grúas pasivas eléctricas?

a) Batería recargable.
b) Separación ajustable de las patas.
c) Mando a distancia.
d) Arnés de diferentes tamaños y formas.

17. ¿Qué función es la alterada debida al inmovilismo si se produce la presencia de una deprivación sensorial al disminuir los estímulos sensoriales (visuales, auditivos, táctiles…) que lleva al paciente a una mayor dependencia?

a) La función respiratoria.
b) La función motriz.
c) La función cognitiva.
d) La función metabólica.

18. ¿En qué situación de estas está contraindicada la movilidad del paciente?

a) Pacientes no colaboradores.
b) Pacientes inconscientes.
c) Enfermos con traumatismo craneoencefálico.
d) Enfermos con depresión.

19. Se utiliza para realizar diferentes ejercicios propioceptivos:

a) Discos de Böhler.
b) Bosu.
c) Jaula de Rocher.
d) Banco de Colon.

20. ¿Cuál de las siguientes funciones corresponde al personal TCAE en el área de esterilización hospitalaria?

a) Elaborar informes de anatomía patológica.
b) Prescribir el tratamiento antibiótico de los pacientes.
c) Limpiar, preparar y empaquetar el material para su posterior esterilización.
d) Realizar diagnósticos microbiológicos en el laboratorio.

En MADTEST tienes **más preguntas de este tema**, y todos tus avances quedan registrados y se reflejan en el ranking.

¡Supera tus límites con MADTEST!

Solución al test n.º 15

1. a) Activa.

2. c) Pasivas.

3. d) Hay una estasis de secreciones, que puede acumularse y favorecer el medio para el crecimiento bacteriano.

4. a) Con una sistemática de cambios posturales frecuentes.

5. a) Colocar el sillón paralelo a la cama y a la altura de los pies.

6. c) Tetrapléjicos.

7. b) Traslado intrahospitalario.

8. a) Cuando estos pacientes sufren hemiplejia derecha que permite la marcha.

9. a) Esguinces.

10. c) Bastones multipodales.

11. b) Grúas.

12. a) Banco de Colson.

13. d) Todas las opciones son correctas.

14. a) Modelo Stedy.

15. c) Transportar pacientes en sillas de ruedas.

16. a) Batería recargable.

17. c) La función cognitiva.

18. c) Enfermos con traumatismo craneoencefálico.

19. a) Discos de Böhler.

20. c) Limpiar, preparar y empaquetar el material para su posterior esterilización.

TEST N.º 16

Manejo y traslado de la documentación clínica. La confidencialidad de la historia clínica. Unidades de competencia previstas en el Real Decreto 1790/2011, de 16 de diciembre: El traslado de documentos y objetos

1. El código de la historia individual, se encuentra compuesto por un total de:

a) Ocho dígitos.
b) Nueve dígitos.
c) Siete dígitos.
d) Diez dígitos.

2. Respecto al consentimiento informado es cierto que:

a) El consentimiento será siempre verbal.
b) El consentimiento será libre y voluntario.
c) Se realizará antes de recibir la información adecuada, para que tenga lugar una actuación que afecta a su salud.
d) El paciente no podrá revocar libremente por escrito su consentimiento.

3. ¿Cómo se denomina al documento emitido por el médico responsable en un centro sanitario al finalizar cada proceso asistencial de un paciente, que especifica los datos de este, un resumen de su historial clínico, la actividad asistencial prestada, el diagnóstico y las recomendaciones terapéuticas?

a) Informe de alta médica.
b) Consentimiento informado.
c) Certificado médico.
d) Todas son correctas.

4. ¿Qué contenido mínimo es exigible en la cumplimentación de una historia clínica cuando se trate de procesos de hospitalización o así se disponga?

a) El informe clínico de alta.
b) La aplicación terapéutica de enfermería.

c) La evolución y planificación de cuidados de enfermería.
d) Los informes de exploraciones complementarias.

5. Los centros sanitarios tienen la obligación de conservar la documentación clínica en condiciones que garanticen su correcto mantenimiento y seguridad, y como mínimo:

a) Dos años contados desde la fecha del alta de cada proceso asistencial.
b) Tres años contados desde la fecha del alta de cada proceso asistencial.
c) Cuatro años contados desde la fecha del alta de cada proceso asistencial.
d) Cinco años contados desde la fecha del alta de cada proceso asistencial.

6. Se denomina Historia clínica:

a) Todo dato, cualquiera que sea su forma, clase o tipo, que permite adquirir o ampliar conocimientos sobre el estado físico y la salud de una persona o la forma de preservarla, cuidarla, mejorarla o recuperarla.
b) El documento emitido por el médico responsable en un centro sanitario al finalizar cada proceso asistencial de un paciente.
c) La declaración escrita de un médico que dé fe del estado de salud de una persona en un determinado momento.
d) El conjunto de documentos que contienen los datos, valoraciones e informaciones de cualquier índole sobre la situación y la evolución clínica de un paciente a lo largo del proceso asistencial.

7. En relación con las cartas certificadas, si no pudiera entregarse, se advertirá al receptor mediante un aviso de que dispone, para recoger el envío en una oficina de Correos, de:

a) Diez días.
b) Quince días.
c) Veinte días.
d) Un mes.

8. La condición de conservar los esputos en la nevera a 4 ºC es:

a) La imposibilidad de ser procesados antes de 1 hora.
b) La imposibilidad de ser procesados antes de 2 horas.
c) La imposibilidad de ser procesados antes de 1/2 horas.
d) Nunca deben ser conservados en la nevera ya que que no se produce alteración alguna.

9. Uno de los siguientes no es un dato básico a incluir en el anverso de la tarjeta sanitaria:

a) Nombre y apellidos del titular de la tarjeta.
b) Código de identificación de la administración sanitaria emisora de la tarjeta.
c) Identidad institucional de la Comunidad Autónoma o Entidad que la emite.
d) Nombre del Facultativo y dirección del Centro de Salud.

10. ¿A qué órgano le corresponde establecer los requisitos y los estándares necesarios sobre los dispositivos que las tarjetas incorporen para almacenar la información básica?

a) A la Consejería de Sanidad de la Comunidad Autónoma correspondiente.
b) A los Ayuntamientos.
c) Al Ministerio de Sanidad.
d) Al Servicio de Salud de cada Comunidad Autónoma.

11. ¿Qué fundamento ético es aquel que exige que todas las personas sean tratadas con el mismo respeto y consideración en el orden social?

a) Justicia.
b) No maleficencia.
c) Autonomía.
d) Beneficencia.

12. El consentimiento informado (aceptación):

a) Culmina siempre con la aceptación del paciente a un procedimiento diagnóstico o terapéutico.
b) Culmina con la aceptación/negación del paciente a un procedimiento diagnóstico o terapéutico.
c) Se contempla como un proceso de transmisión de responsabilidades hacia el paciente.
d) Debe constar siempre por escrito.

13. Si un paciente se niega a firmar el Consentimiento Informado:

a) El médico especialista tiene el deber de ejercer la presión necesaria para que cambie de opinión, ya que es lo mejor para su salud.
b) Se le debe instar a firmar su "no autorización" y el alta voluntaria.
c) El enfermo tiene la obligación de revelar por escrito las causas que le llevan a tomar esta decisión.
d) El enfermo no puede negarse, bajo ningún concepto.

14. El derecho de toda persona a que se respete el carácter confidencial de los datos referentes a su salud, se trata del derecho a:

a) La salud.
b) La intimidad.
c) La autonomía.
d) La vida.

15. Según normativa, ¿quién es el titular de derecho a la información asistencial?

a) Exclusivamente el paciente.
b) El paciente y sus familiares.

c) El paciente, sus familiares y si lo hubiese el tutor legal o responsable.
d) El paciente y su cónyuge exclusivamente.

16. Indica la respuesta correcta:

a) Toda persona tiene derecho a que se respete su voluntad de no ser informada.
b) La información, que como regla general, se proporcionará por escrito.
c) Ambas son correctas.
d) El derecho a la información asistencial, se regula en el artículo 5 de la Ley 41/2002.

17. La información comprende como mínimo:

a) La finalidad de cada intervención.
b) La naturaleza de cada intervención.
c) Sus riesgos y consecuencias.
d) Todas son correctas.

18. La información clínica será, según indica el artículo 4 de la Ley 41/2002:

a) Breve.
b) Coherente.
c) Adecuada a sus necesidades.
d) Ninguna es correcta.

19. La finalidad de la información clínica es:

a) Dar asistencia sanitaria.
b) Ayudar a tomar una decisión de acuerdo con su propia y libre voluntad.
c) Garantizar el derecho a la información.
d) Cumplir con la obligación establecida.

20. Los pacientes tienen derecho a conocer, con motivo de cualquier actuación en el ámbito de su salud, toda la información disponible sobre la misma:

a) Siempre.
b) Salvando los supuestos exceptuados por la ley.
c) Salvo excepciones establecidas reglamentariamente.
d) Salvo por razones de interés público.

En MADTEST tienes **más preguntas de este tema**, y todos tus avances quedan registrados y se reflejan en el ranking.

¡Supera tus límites con MADTEST!

Solución al test n.º 16

1. a) Ocho dígitos.

2. b) El consentimiento será libre y voluntario.

3. a) Informe de alta médica.

4. a) El informe clínico de alta.

5. d) Cinco años contados desde la fecha del alta de cada proceso asistencial.

6. d) El conjunto de documentos que contienen los datos, valoraciones e informaciones de cualquier índole sobre la situación y la evolución clínica de un paciente a lo largo del proceso asistencial.

7. b) Quince días.

8. b) La imposibilidad de ser procesados antes de 2 horas.

9. d) Nombre del Facultativo y dirección del Centro de Salud.

10. c) Al Ministerio de Sanidad.

11. a) Justicia.

12. b) Culmina con la aceptación/negación del paciente a un procedimiento diagnóstico o terapéutico.

13. b) Se le debe instar a firmar su "no autorización" y el alta voluntaria.

14. b) La intimidad.

15. a) Exclusivamente el paciente.

16. a) Toda persona tiene derecho a que se respete su voluntad de no ser informada.

17. d) Todas son correctas.

18. c) Adecuada a sus necesidades.

19. b) Ayudar a tomar una decisión de acuerdo con su propia y libre voluntad.

20. b) Salvando los supuestos exceptuados por la ley.

Cómo acceder al Curso

Celador/a
Test del temario

El uso de los códigos **es exclusivo de los compradores de los productos de Editorial MAD**. Cada producto posee un código único y de un solo uso. Es personal e intransferible y da acceso a servicios y contenidos adicionales. Editorial MAD se reserva el derecho de hacer cuantas comprobaciones sean necesarias para identificar al legítimo poseedor del código y dejar de dar servicio a quien haga uso fraudulento del mismo, además de emprender cuantas acciones legales estime oportunas según la legislación vigente.

Deberás acceder a:

mad.es/registro-campus

Si una vez aceptadas las condiciones de uso del Campus decides hacer uso del mismo, necesitarás del siguiente código de acceso junto con los códigos del resto de títulos que se exigen (si fuera el caso):

XGEI4D63NB